CONSIGA O EMPREGO DOS SEUS SONHOS

UM GUIA PRÁTICO

DENISE TAYLOR

CONSIGA O EMPREGO DOS SEUS SONHOS

UM GUIA PRÁTICO

Tradução de Janaína Marcoantonio

L&PM EDITORES

Texto de acordo com a nova ortografia.

Título original: *Getting the Job You Want – A Practical Guide*

Capa: Icon Books. *Adaptação*: Carla Born
Tradução: Janaína Marcoantonio
Preparação: Marianne Scholze
Revisão: Lia Cremonese

CIP-Brasil. Catalogação na publicação
Sindicato Nacional dos Editores de Livros, RJ

T24c

Taylor, Denise
    Consiga o emprego dos seus sonhos: um guia prático / Denise Taylor; tradução Janaína Marcoantonio. – 1. ed. – Porto Alegre, RS: L&PM, 2017.
    176 p. ; 21 cm.

Tradução de: *Getting the Job You Want – A Practical Guide*
ISBN 978-85-254-3634-4

1. Técnicas de autoajuda. I. Marcoantonio, Janaína. II. Título.

17-43299   CDD: 158.1
                              CDU: 159.947

© Denise Taylor, 2013

Todos os direitos desta edição reservados a L&PM Editores
Rua Comendador Coruja, 314, loja 9 – Floresta – 90220-180
Porto Alegre – RS – Brasil / Fone: 51.3225.5777
Pedidos & Depto. comercial: vendas@lpm.com.br
Fale conosco: info@lpm.com.br
www.lpm.com.br

Impresso no Brasil
Inverno de 2017

Sumário

1. Introdução 7
2. Seja claro sobre seu objetivo 12
3. Pesquise e entenda seu alvo 24
4. Networking 30
5. Entrevistas informativas 42
6. O CV 52
7. Prepare-se para procurar emprego 66
8. Crie sua mensagem – o *pitch* 75
9. LinkedIn 80
10. Como se candidatar a uma vaga 90
11. Cartas de apresentação 105
12. Mercado de trabalho oculto 114
13. Preparação para a entrevista 127
14. A entrevista 138
15. Entrevistas por Skype e telefone 149
16. Como manter a motivação 153
17. A oferta de emprego 162

Índice remissivo 166

Sobre a autora 170

1. Introdução

Por que algumas pessoas têm facilidade para fazer a carreira deslanchar, enquanto outras não saem do lugar e desistem? Grande parte disso se resume ao que se passa na cabeça delas: quando acreditam que serão bem-sucedidas, provavelmente o serão; mas, se duvidam de si mesmas, suas chances de sucesso são mínimas.

Eu lhe mostrarei o passo a passo para que você tenha a melhor chance de construir a carreira que deseja. Como psicóloga, incluirei teorias psicológicas relevantes e úteis, mas apenas quando isso fizer diferença.

Este livro é recheado de informações, conselhos práticos e dicas úteis. Além disso, é de fácil leitura e focado em ajudá-lo a alcançar seus objetivos.

Quero que você seja um herói – HERO – e alcance seus objetivos. Fui apresentada ao conceito de HERO por Fred Luthans, professor emérito George Holmes na cátedra de administração da Universidade de Nebraska-Lincoln, cuja pesquisa atual foca em psicologia positiva. Ser um HERO envolve:

- *Hope* (Esperança) – a crença de que você terá sucesso, o que o leva a persistir em seu objetivo.
- *Efficacy* (Eficácia) – a autoconfiança de que você é capaz de ter sucesso, o que o leva a fazer o esforço necessário.
- *Resilience* (Resiliência) – a capacidade de se recuperar de problemas e decepções.
- *Optimism* (Otimismo) – uma atitude mental positiva com relação ao presente e ao futuro.

Sem a crença de que você é capaz de alcançar seu objetivo, é bem possível que nem sequer comece. Mas isso não pode ser apenas um sonho ou um objetivo sem fundamento; você precisa estar disposto a se dedicar ao trabalho e ter conhecimento e experiência suficiente para ser um candidato digno de crédito.

Todos temos decepções: não ganhamos a corrida, não conseguimos comprar algo em um leilão, ou sofremos uma lesão que nos impede de participar de um jogo. O que importa é o modo como reagimos a essas decepções.

Devemos tratar cada decepção como uma experiência de aprendizado, e usá-la para fazer melhor da próxima vez. Também precisamos recordar que, às vezes, a decisão está fora do nosso controle. Assim como um ator participando de uma audição em que o diretor de elenco pode ter um ideal em mente (se temos a compleição errada ou não temos determinada experiência, jamais seremos escolhidos), em uma entrevista, o emprego pode já ter sido designado para alguém e a empresa estar apenas "seguindo o protocolo", ou talvez eles queiram alguém com uma experiência específica que não foi informada claramente no anúncio da vaga.

Vejamos o processo a ser seguido.

SEJA CLARO SOBRE SEU OBJETIVO

Você deve ter muita clareza sobre o emprego que está procurando, tanto no que concerne ao cargo quanto à empresa ideal. Conhecer o emprego fornece o foco para toda atividade posterior.

Se o que você quer é começar uma carreira, por exemplo, marketing na indústria da moda, toda atividade que realizar de agora em diante deve ser para aumentar as chances de sucesso e enriquecer seu currículo. Se o que quer é mudar de coordenador contábil para gestor financeiro, sua atividade deve focar em desenvolver mais habilidades de negócio e liderança para aprimorar sua experiência técnica.

Se for recém-formado, pode ser que você tenha um objetivo, mas no curto prazo se contente em receber a oferta de qualquer emprego que pareça ser um passo na direção certa.

Você sabe o que quer fazer? Se não sabe, tome seu tempo para pesquisar e identificar uma carreira que o entusiasme e esteja dentro de sua capacidade. O capítulo 2 o ajudará a começar.

Conheça seu alvo

Assim que souber o tipo de trabalho que quer e o tipo de empresa em que deseja trabalhar, dedique-se a pesquisar. Trate isso como um projeto de pesquisa e descubra o máximo possível sobre a empresa, seus concorrentes e o setor como um todo. Falaremos a esse respeito no capítulo 3.

Faça networking

Você provavelmente encontrará seu próximo emprego por meio de alguém que conhece; portanto, precisa se dedicar ao networking. No capítulo 4, eu mostro como fazer isso de maneira eficaz. Falaremos também de networking on-line.

Entrevistas informativas

Às vezes você precisa saber mais sobre um emprego para decidir se deve se candidatar ou não. As entrevistas informativas podem ajudá-lo na fase de pesquisa, e às vezes resultam em trabalho. O capítulo 5 mostra como fazer isso.

Identifique suas qualidades para criar seu CV

Você não está criando um CV isoladamente; deve direcioná-lo para o emprego específico que procura. Você deve identificar suas qualidades e estar pronto para explorá-las, e seu CV precisa deixar claro para o leitor o que você quer. O capítulo 6 foca em seu CV.

Prepare-se para procurar emprego

Faremos uma pausa antes de você começar a busca de emprego propriamente dita. Tendo feito toda a preparação, qual é a melhor estratégia a adotar? Você precisa ser organizado e ter alguns sistemas funcionando. Falaremos sobre isso no capítulo 7.

Crie sua mensagem – o *pitch*

Você precisará criar uma mensagem sucinta (*pitch*) que possa ser dita a qualquer um que perguntar o que você está procurando. Muitas pessoas não cuidam direito dessa parte; você se sairá bem se seguir as orientações apresentadas no capítulo 8.

LinkedIn

Facebook, LinkedIn, Pinterest... por onde começar? É provável que você use o Facebook socialmente – sendo assim, deve usar o Facebook ou outra rede social para ajudá-lo a conseguir emprego? Neste momento, você precisa de um perfil eficaz no LinkedIn, e o capítulo 9 lhe mostra como usá-lo a seu favor.

Como se candidatar a uma vaga

A maneira mais óbvia de conseguir um emprego é se candidatar a vagas anunciadas e cadastrar seu CV em sites de emprego. O capítulo 10 traz conselhos valiosos para você aumentar suas chances de ser pré-selecionado.

Cartas de apresentação

Você não pode simplesmente enviar um CV ou um formulário; também precisa enviar uma carta de apresentação. Siga um método estruturado para aumentar consideravelmente suas chances de ser chamado para uma entrevista. Veja o capítulo 11.

O mercado oculto de trabalho

As pessoas falam do mercado oculto de trabalho como se fosse um grande segredo, mas nada mais é do que contatar as empresas diretamente. Você precisa ser ousado e estar pronto para enfrentar obstáculos. Como essa tende a ser a melhor forma de receber uma oferta de emprego, você gostará de saber que esse processo é explicado de maneira simples no capítulo 12.

A ENTREVISTA

Uau! Todo seu trabalho valeu a pena e você foi pré-selecionado. Falaremos tudo sobre a entrevista nos capítulos 13 e 14.

ENTREVISTAS POR TELEFONE E POR SKYPE

Uma abordagem diferente é necessária quando se é entrevistado por telefone ou Skype, e você encontrará o essencial no capítulo 15.

COMO MANTER A MOTIVAÇÃO

Conseguir um emprego leva tempo, então você precisa se manter motivado. É disso que trata o capítulo 16.

A OFERTA DE EMPREGO

Receber uma oferta de emprego é uma ótima notícia. No capítulo 17 o ajudaremos a ter certeza de que deve dizer sim.

2. Seja claro sobre seu objetivo

Antes de se dedicar a procurar um emprego, você precisa ser claro sobre o que quer fazer. Ter uma ideia clara do emprego que deseja significa que todos os aspectos de sua busca serão focados em alcançar esse objetivo.

Você sabe o que quer fazer? Você precisa identificar uma carreira que o entusiasme, mas na qual tenha possibilidade de sucesso, mesmo que isso implique mais capacitação ou experiência – do contrário, está fadado ao fracasso.

O emprego mais fácil de conseguir é um que seja similar ao que você já tem (ou teve), ou um nível acima, e numa empresa similar. É mais desafiador – embora não impossível – fazer uma mudança; pode envolver uma queda no salário e definitivamente demandará que você seja absolutamente claro sobre **por que** quer essa mudança de carreira e **como** atende aos requisitos.

Quando sabe o que quer fazer, você tem foco. Seu objetivo pode ser difícil de alcançar imediatamente, por isso estabeleça metas intermediárias e pense que trabalhos poderiam ser um passo na direção de onde você quer estar. Isso o ajudará a escolher um emprego em que possa adquirir experiência relevante que o torne um melhor candidato no futuro.

ESTUDO DE CASO

Jenny sabia que queria uma carreira em marketing, e também sabia que a concorrência era acirrada; por isso, conseguiu um emprego temporário em uma agência de marketing, o que a ajuda a fazer contatos, aprender sobre o ramo e melhorar seu CV para a próxima candidatura.

Keith, depois de ser demitido, queria permanecer na área financeira – e sabia que seu histórico de quinze anos chamaria a atenção de outras empresas. Em poucos meses, ele conseguiu encontrar um novo emprego.

Sue queria manter suas opções abertas e se candidatou a tudo que acreditou ser capaz de fazer, mas seu CV era vago, ela não conseguia ser específica ao dizer aos outros o que queria e, depois de quatro meses, está desanimada, sem entender por que só foi chamada para uma entrevista.

Muitas pessoas tentam manter suas opções abertas, mas, como Sue descobriu (no exemplo acima), isso pode tornar mais difícil criar uma mensagem clara, independentemente de você estar conversando com alguém ou revisando seu CV. Também significa que você terá dificuldade de pesquisar o suficiente – você não conseguirá examinar a fundo se estiver concentrado em demasiadas opções.

A escolha que você fizer não é para sempre – de fato, uma carreira para a vida toda é uma raridade hoje em dia. Você está escolhendo seu próximo emprego. Algumas pessoas se dedicam a construir um plano de carreira definido. Outras pensam num emprego para os próximos anos, no qual ganhar experiência e então reconsiderar o rumo a ser tomado.

A maioria das pessoas toma uma decisão de carreira baseada em seu histórico profissional. Elas olham para seu CV e escolhem um emprego ao qual se candidatar com base no que fizeram antes. Muitas vezes, essa pode ser a maneira mais fácil de conseguir um emprego e, se você precisa conseguir um o quanto antes, talvez seja a sua melhor opção. Depois de instalado em um novo emprego, você terá tempo para explorar o que realmente gostaria de fazer e planejar uma ação rumo ao seu novo objetivo.

Sempre vale a pena dedicar um período para avaliar quem você é e tomar uma decisão com base no que quer fazer. O resto deste capítulo propõe exercícios práticos para ajudá-lo a tomar decisões sobre sua carreira.

Para começar, vamos pensar em quando você era criança.

Revisite sua infância

O que você amava fazer quando era criança? De que matérias gostava na escola? O que fazia no tempo livre? Que atividades o faziam perder a noção do tempo? Tome nota. Muitas vezes, essas atividades tinham verdadeiro significado para nós, e podem trazer inspiração para uma mudança de carreira ou ideias para melhorar seu emprego.

ESTUDO DE CASO

James, que amava desenhar, tornou-se contador porque seus pais disseram que seria um emprego seguro. Carrie, que amava consertar e construir coisas, em vez de seguir carreira em engenharia ou algo do tipo, entrou no ramo de gerência de varejo porque queria acompanhar os amigos. Ambos podem ser bons no emprego que escolheram, mas acreditam que há uma carreira mais gratificante à espera deles.

Quem é você?

Enquanto tratamos de relembrar a infância, também podemos pensar no tipo de pessoa que somos – pessoas quietas e pensativas e pessoas extrovertidas são atraídas por empregos diferentes. Tome nota das muitas maneiras pelas quais você pode descrever a si mesmo; comece observando a lista a seguir para ter algumas ideias. Você talvez queira complementá-la posteriormente.

Habilidades – o que você sabe fazer?

Habilidades são as coisas que aprendemos a fazer, adquiridas por meio de hobbies e experiências de trabalho. Elas se enquadram em várias categorias, como habilidades de comunicação, interpessoais, de liderança, organizacionais, analíticas, de resolução de problemas, financeiras, numéricas, práticas e criativas.

adaptável
agressivo
analítico
assertivo
astuto
atencioso
autocrítico
aventureiro
competitivo
complacente
compreensivo
comprometido
confiante
confiável
criativo
cuidadoso
curioso
decidido
despretensioso
detalhista
diplomático
disciplinado
dominante
eficiente
empático
engenhoso
estrategista
flexível

focado
frágil
franco
imaginativo
impulsivo
introspectivo
lógico
loquaz
metódico
modesto
objetivo
paciente
persistente
prático
preciso
preocupado
prudente
realista
realizador
reservado
sensível
sociável
tenso
tímido
tolerante
tradicional
versátil

Tome nota de suas principais habilidades – que coisas você faz pelas quais é elogiado, e o que você sabe fazer? Não se trata apenas do que você fez em seu emprego atual ou mais recente; as habilidades podem incluir coisas que você faz fora de seu trabalho remunerado, como um hobby ou interesse. Ao anotar suas principais habilidades, haverá algumas que você não gosta de usar, então elimine-as. Com as que restarem, trate de ser específico. Por exemplo, quais são melhores: suas habilidades de comunicação oral ou escrita? Suas habilidades de comunicação oral são melhores em situações envolvendo um indivíduo ou um grupo grande? Fornecer um exemplo de uso de cada habilidade será muito útil para revisar seu CV e discutir em uma entrevista.

Interesses

Faça uma lista de tudo que você gosta de fazer. Esta não precisa estar centrada unicamente em tarefas de trabalho; pensar de forma mais abrangente pode criar possibilidades. Mesmo que você não possa usar seus interesses diretamente em um emprego específico, isso pode ajudar a definir o ambiente de trabalho. Por exemplo, se você é um contador que ama arte, pode procurar oportunidades em galerias de arte, museus etc.

ESTUDO DE CASO

Lucy concluiu esse exercício e percebeu que sempre se viu como uma pessoa criativa, inteligente e extrovertida; então, por que estava trabalhando como gerente de contratos em uma empresa onde essas características não eram valorizadas? Ela era boa no que fazia – detalhista e capaz de se comunicar com eficácia tanto oralmente como por escrito. E amava música – frequentava shows e se mantinha em contato com novas músicas por meio de programas de rádio na internet. O resultado do exercício foi que ela começou a considerar uma carreira revisando contratos na indústria da música.

Nick era um advogado infeliz que amava golfe. Ele se perguntou se seria possível seguir seu sonho de se tornar um profissional do golfe. Era, e hoje ele é um!

Personalidade e ambiente

John Holland, um psicólogo norte-americano, desenvolveu uma teoria de que os interesses vocacionais são resultado da personalidade, de modo que as pessoas expressam a personalidade por meio de seus hobbies e escolhas profissionais. Sua teoria divide as pessoas e os empregos em seis grandes áreas: realista, investigativo, artístico, social, empreendedor e convencional. Leia a seguir as descrições desses seis grupos diferentes e escolha as duas que mais repercutem em você.

Realista: os empregos que se encaixam nesta categoria envolvem operar máquinas, prover segurança, usar computadores ou realizar trabalhos ao ar livre, como agricultura. Os hobbies podem incluir atividades ao ar livre: caminhar, acampar, exercitar-se, construir ou consertar coisas. Você provavelmente é reconhecido por sua destreza e engenhosidade mecânica, coordenação física e bom senso.

Investigativo: os empregos que se encaixam nesta categoria envolvem pesquisa, ciência, matemática e trabalho em laboratório, investigação e resolução de problemas abstratos. Os hobbies podem incluir leitura, jogos de estratégia e quebra-cabeças. Você provavelmente é reconhecido por ser intelectualmente curioso e analítico.

Artístico: os empregos que se encaixam nesta categoria envolvem criar arte, escrever, atuar e compor música. Os hobbies podem incluir ouvir música, visitar museus e galerias de arte, ir ao teatro, produzir arte e tocar música. Você provavelmente é reconhecido por ser imaginativo, independente e criativo.

Investigativo
- pesquisar, analisar, investigar

Realista
- construir, consertar, trabalhar ao ar livre

Artístico
- criar ou apreciar arte, teatro, música, escrita

Convencional
- contabilizar, organizar, processar dados

Social
- ajudar, instruir, cuidar

Empreendedor
- vender, gerenciar, persuadir

Social: os empregos que se encaixam nesta categoria são aqueles associados com capacidade de escuta, bem como habilidades verbais e interpessoais, como ensino, orientação psicológica, serviços de saúde e religião. Os hobbies podem incluir voluntariado, serviço comunitário e leitura de livros de desenvolvimento pessoal. Você provavelmente é reconhecido por sua empatia e preocupação com os demais.

Empreendedor: os empregos que se encaixam nesta categoria são aqueles que envolvem vender, gerenciar, persuadir e assumir riscos. Os hobbies podem incluir política, esportes de aventura e trabalho voluntário. Você provavelmente gosta de influenciar outras pessoas e valoriza status.

Convencional: os empregos que se enquadram nesta categoria são aqueles que envolvem gestão de escritórios, configuração de sistemas, ensino de administração, desenvolvimento de software e trabalhos em bancos e finanças. Você provavelmente é focado em eficiência e precisão e presta atenção a detalhes. Os hobbies podem incluir praticar voluntariado, colecionar coisas e gerenciar as finanças da família.

Ao observar os dois que mais chamam sua atenção, você talvez se veja dividido entre caminhos diferentes. Por exemplo, você pode ser visto por todos como um desenvolvedor de software brilhante, mas está ignorando o lado que gosta de estar com pessoas. Talvez você conseguisse combinar as duas coisas enquanto estava na faculdade, mas seu trabalho como desenvolvedor de software envolve passar muito tempo sozinho.

Isso pode ajudá-lo a entender por que está infeliz ou insatisfeito, e a decidir o que quer fazer.

Não se trata apenas do emprego: seu ambiente de trabalho

Também é importante considerar o tipo de ambiente de trabalho adequado ao seu perfil. Se você é alguém com uma forte inclinação artística, provavelmente preferirá um ambiente mais criativo do que um convencional, como trabalhar em um banco ou em uma empresa de seguros. Se você é alguém que tem interesses convencionais, dificilmente ficará satisfeito em um ambiente criativo, e preferirá um escritório.

Você tem alguma preferência com relação à estrutura do cargo, plano de carreira, jornada laboral, tempo de deslocamento, localização do escritório, ambiente de trabalho, piso salarial e benefícios ideais? Quanto mais claro você for, mais fácil será focar. Que tipo de ambiente lhe permitiria dar o seu melhor? Considere o tipo de organização, cultura, salário, localização e tudo mais em que puder pensar.

Considere também o tamanho da empresa. Por exemplo, você pode ser supervisor de catering em uma grande empresa e passar a ser gerente de catering em uma empresa menor. Ou ser gerente geral em uma empresa menor e passar a ser gerente de operações em uma empresa de médio porte.

Se seu tempo máximo de deslocamento é trinta minutos, isso pode restringir bastante sua procura; seria possível estender para sessenta minutos? Mas seja realista – não faz sentido se entusiasmar ao encontrar o emprego ideal e depois perceber que fica a 160 quilômetros da sua casa.

ESTUDO DE CASO

Cheryl foi demitida de um emprego bem remunerado como analista financeira. Seu emprego ideal ficaria a no máximo trinta minutos de casa e com a liberdade de trabalhar em casa pelo menos uma vez por semana.

Ela estava disposta a ganhar menos se isso significasse trabalhar numa empresa em que acredita. Um emprego como gerente financeira no setor beneficente atenderia a muitas de suas necessidades.

É importante ser claro sobre o que você quer fazer. Conhecer a si mesmo, conhecer mais sobre o emprego que procura e ter clareza de como atender aos requisitos aumentará consideravelmente suas chances de sucesso. Se não fizer isso, você será um dos muitos que visitam sites de emprego na esperança de que algo o interesse. Isso significa que nunca estará totalmente focado em um emprego, e é menos provável que seja selecionado.

Saber quem você é e o que quer fazer significa que seu CV, sua carta de apresentação, seu perfil no LinkedIn e assim por diante são consistentes. Também torna muito mais fácil quando você encontra outras pessoas; você é claro sobre o que quer fazer e pode dizer claramente o que procura. Isso se aplica tanto a encontros presenciais como via plataformas como o LinkedIn.

Faça sua escolha

Você não tem como conseguir um emprego se não souber o que quer. Não cabe a uma agência de seleção ou departamento de RH descobrir o que você deveria estar fazendo. Tudo que você incluir em seu CV e em sua carta de apresentação deve estar relacionado ao emprego que quer.

Você pode se analisar muito mais, e muitas pessoas fazem isso, mas se precisa de um emprego o quanto antes é melhor tomar uma decisão agora para que possa se concentrar em procurar emprego. Você está satisfeito agora que identificou um emprego adequado, a localização e o ambiente ideal? Se não está, o que mais precisa descobrir?

Pode ser um trabalho específico ou pode ser uma área mais abrangente. Quanto mais claro você for sobre o tipo de emprego que quer, mais fácil será quando as pessoas lhe perguntarem o que você está procurando. Então, escreva. Isso responde à pergunta do tipo de emprego que você está procurando, o tipo de empresa etc.? Leia em voz alta e aperfeiçoe até soar natural. (Você encontrará mais detalhes acerca de como ser claro sobre o que quer no capítulo 8, "Crie sua mensagem – o *pitch*".)

Mas não se trata apenas do que *você* quer – também é preciso focar nas necessidades da empresa. Pesquisar (veja o próximo capítulo para mais informações a esse respeito) é a maneira de fazer com que sua mensagem seja direcionada para o que a empresa quer.

Por fim, embora tenha identificado um trabalho que lhe interessaria, você precisa verificar se há ofertas de emprego nessa área. Idealmente, você estará procurando emprego em um mercado em crescimento.

Quando você ainda não sabe

Muitas pessoas precisam de mais ajuda ao escolher uma carreira, como a proporcionada por um psicólogo, orientador vocacional ou coach de carreira. Você pode ter uma ideia do tipo de ajuda disponível procurando nos websites de empresas respeitáveis de coaching de carreira. Minha empresa, a Amazing People, é uma boa referência no Reino Unido.

Para muitos, o uso de avaliações pode ser extremamente importante. Há várias avaliações de carreira conhecidas, sendo a Highlands Ability Battery, o Myers Briggs Type Indicator, o Strong Iventory e a Talent Q Dimensions algumas das mais úteis. Mais uma vez, consulte uma empresa respeitável de coaching de carreira se achar que uma avaliação pode ser útil.

Estabeleça objetivos

Agora que você sabe o que quer, precisa tratar de comunicar isso claramente – não seja vago, foque no resultado. Então, quando tiver uma reunião, você saberá comunicar o que quer: uma apresentação, um follow-up etc. Com um objetivo em mente, é muito mais fácil focar; do contrário, é como embarcar em uma jornada sem uma ideia clara de para onde você está indo.

A maioria de nós conhece o conceito de definir objetivos inteligentes (seguindo o acrônimo SMART), mas se esquece de pensar em cada elemento. Ao procurar emprego, você precisa estabelecer objetivos *ainda mais* inteligentes (SMARTER):

- Seu objetivo precisa ser ESPECÍFICO. Você tem certeza do que quer alcançar. Que emprego você está procurando?
- Precisa ser MENSURÁVEL. Você precisa saber por onde começar e então monitorar seu progresso. Conseguir o novo emprego é uma medida inequívoca de sucesso, mas estabeleça metas intermediárias, como: revisar o CV, pesquisar os desafios atuais no setor etc.
- O objetivo precisa ser ALCANÇÁVEL. Talvez você precise dar passos menores: primeiro, conseguir um emprego como assistente de marketing, depois executivo de marketing, até chegar a ser diretor de marketing.
- Também tem de ser REALISTA. Se ciências nunca foi o seu forte, você passará nas provas para ser nutricionista? Há alternativas melhores?

- TEMPO DEFINIDO significa que temos um cronograma a seguir. Converse com pessoas e tenha uma ideia de quanto tempo leva para ir de x a y. Defina metas intermediárias e crie um cronograma.
- O objetivo deve ser ENTUSIASMANTE; deve ter significado pessoal. Tem de ser algo que você queira fazer; algo que o faça querer começar e chegar lá.
- Finalmente, deve ser REGISTRADO. Anote e monitore seu progresso; anote seu objetivo final e todas as metas intermediárias em seu diário, no telefone, na parede...

Este capítulo o ajudou a esclarecer o que quer fazer; agora você pode se concentrar em sua pesquisa.

3. Pesquise e entenda seu alvo

Uma busca de emprego eficaz requer uma pesquisa eficaz – descobrir o máximo possível sobre cargos, seu plano de carreira preferido e a empresa à qual você pretende se candidatar. Com essas informações, você conseguirá ter foco. Mas esse não é o fim do processo – você precisará pesquisar mais a fundo antes de se candidatar a uma vaga, e novamente se for selecionado para uma entrevista. Você provavelmente voltará a este capítulo em várias ocasiões durante sua busca.

Comece com uma pesquisa abrangente até decidir o tipo de trabalho que quer fazer, e então se concentre em obter mais detalhes. A imagem a seguir ilustra isso claramente.

1. Faça uma pesquisa abrangente – descubra se você atende aos requisitos dos empregos que lhe interessam e quais as suas chances de sucesso
2. Pesquise as especificações de um cargo
3. Informe-se melhor e seja um candidato ativo
4. Pesquise antes de marcar entrevistas informativas
5. Pesquise antes de se candidatar a um emprego específico
6. Pesquise antes da entrevista
7. Agarre o emprego

1. Faça uma pesquisa abrangente

Não faz sentido ir atrás de um emprego que você não tem a menor chance de conseguir, então verifique se atende aos requisitos. Cada país tem seus websites relevantes. Assim, pesquise para descobrir mais sobre diferentes empregos, converse com pessoas para ficar sabendo dos pré-requisitos necessários.

Essa pesquisa é importante, pois evitará desilusões. Muito melhor perceber agora que você precisa ter mais experiência como chefe de treinamento antes de ser um candidato digno de crédito como gestor de treinamento, ou que precisa ter mais experiência e qualificações antes de estar pronto para se candidatar a uma vaga como gerente de marketing e, portanto, um emprego como assistente de marketing talvez seja sua melhor opção no momento.

Não fique grudado na cadeira – converse com as pessoas. Isso pode ajudá-lo a identificar caminhos alternativos para um emprego, ou revelar que você talvez não necessite de uma qualificação específica. O capítulo 5 é dedicado a entrevistas informativas, e o ajudará a ser eficaz ao conversar com as pessoas, mas você **precisa pesquisar primeiro.**

Antes de gastar muito tempo pesquisando sobre como mudar de área, você deve verificar se há vagas disponíveis. Você talvez perceba que a idade média é alta e que muitas pessoas provavelmente se aposentarão nos próximos anos, o que significa que haverá mais vagas disponíveis, ou pode prever se uma ocupação em particular tende a ser transferida para o exterior.

2. Pesquise as especificações de um cargo

Quando identificar um cargo ao qual gostaria de se candidatar, comece a ver os anúncios de vagas e identifique as características mencionadas com mais frequência. Então, trate de usar essas qualidades e palavras-chaves no seu CV e em toda comunicação (por carta ou e-mail) que enviar para as pessoas em uma empresa.

3. Informe-se melhor e seja um candidato ativo

Quando tiver clareza do emprego e da área que almeja, você pode se preparar para ser ativo. Sua atividade envolverá pesquisa para identificar mais informações e as vagas de emprego às quais se candidatar, e neste capítulo você encontrará mais detalhes sobre isso.

Uma busca na internet o ajudará a identificar consultorias de recrutamento e seleção relevantes. Você pode verificar anúncios e identificar empresas pertinentes e também pesquisar através do LinkedIn e de conversas com outras pessoas.

Por meio da imprensa de negócios, informe-se sobre uma empresa que pode estar se expandindo; pode haver notas sobre quem está se mudando para novas instalações e assim por diante. Você talvez leia que uma empresa obteve um novo contrato, o que pode significar que novas vagas serão abertas. Não procure apenas funções que você poderia desempenhar; veja também se há anúncios de vagas para cargos mais elevados, pois isso significa que posteriormente podem ser disponibilizados cargos mais baixos naquela empresa.

Ao pesquisar sobre um setor, use uma biblioteca de negócios para identificar listas de empresas privadas. A partir destas, você pode acessar informações sobre a empresa – não só endereços, como também desempenho e estrutura, informações de produto, quem faz o quê e onde pode ser comprado, e informações de pesquisa de mercado.

Você também pode solicitar cópias de relatórios anuais ao departamento de RP da empresa.

4. Pesquise antes de marcar entrevistas informativas

É preciso pesquisar antes de marcar uma entrevista informativa (sobre a qual você lerá mais no capítulo 5). É muito frustrante para uma pessoa que abriu mão de trinta minutos do seu tempo quando alguém lhe faz perguntas para as quais poderia facilmente ter encontrado as respostas on-line. Descobrir o máximo possível o ajudará a identificar as perguntas certas a fazer.

LEMBRE-SE PELO MENOS DISTO

Você deve pesquisar o máximo possível antes de uma entrevista informativa, ou essa será uma oportunidade desperdiçada.

5. Pesquise antes de se candidatar a um emprego específico

Uma vez que você tenha feito sua pesquisa e identificado o cargo que procura, pode pesquisar ainda mais para revisar seu CV e criar uma carta de apresentação com um alvo específico. Examine os anúncios de emprego e identifique as palavras-chave usadas para determinada função. Um bom método é reunir de quatro a seis anúncios diferentes e observar as palavras que aparecem em todos os anúncios para um cargo similar. Você pode, então, incluir essas palavras-chave no seu CV, nos formulários on-line e assim por diante.

Por meio de fóruns, você pode conversar e obter informações detalhadas sobre as experiências de outras pessoas com uma empresa que o tenha chamado para uma entrevista. Uma pesquisa no Google indicará fóruns relevantes, e não se esqueça de procurar grupos pertinentes no LinkedIn.

Sua pesquisa pode incluir verificar se a empresa tem uma boa reputação e se é financeiramente sólida. Isso pode ser vital se você estiver abrindo mão de um emprego seguro e quiser saber se a nova empresa tende a ser confiável. Também o ajudará a entender a empresa e o setor, de modo que possa fazer perguntas inteligentes na entrevista.

Muitas pessoas acham que uma olhada rápida no website da empresa conta como pesquisa. Esse é o mínimo; você precisa fazer muito mais, inclusive encontrar fóruns para ter acesso a comentários de clientes. Você deve saber as respostas para as seguintes perguntas:

- O que exatamente a empresa faz? Você talvez queira ser chefe de finanças, mas ainda assim deve se informar sobre os produtos ou serviços. Um entrevistador provavelmente lhe perguntará o que você sabe. Surpreenda-o com seu conhecimento.
- Qual a situação financeira da empresa? Como os resultados deste ano se comparam com os dos últimos três anos? Que pergunta você poderia fazer na entrevista para demonstrar que se deu ao trabalho de descobrir isso?
- Qual a opinião das pessoas sobre a empresa? Pesquise em fóruns para descobrir comentários de clientes.
- Com base em sua pesquisa, o que você vê como principais sucessos do ano anterior e desafios para o ano seguinte?
- Como essa empresa se compara com os concorrentes?
- O que está acontecendo nas notícias, tanto para essa empresa quanto para o setor? Onde estão as oportunidades, qual o impacto das iniciativas do governo?

Ao se candidatar, você pode pesquisar notícias sobre a empresa e começar sua carta referindo-se ao que leu – um problema, por exemplo, e propor uma solução.

6. Pesquise antes da entrevista

Quando for selecionado para uma entrevista, você pode pesquisar sobre o entrevistador na internet para ver se há menções ou artigos sobre ele na imprensa, detalhes de conferências das quais participou etc. Tais informações são muito úteis, já que podem ajudá-lo a elaborar uma pergunta a ser feita; ou encontre uma maneira de se referir a elas em sua apresentação.

Além de pesquisar sobre a empresa que o chamou para a entrevista, visite também os websites de empresas concorrentes para entender as diferenças e ter uma visão dos desafios organizacionais que seu possível novo empregador enfrentará.

DICA ÚTIL: Configure alertas do Google para receber atualizações diárias sobre qualquer coisa relacionada com o emprego que você quer.

DICA ÚTIL: Identifique associações profissionais relevantes. Por exemplo, se você quer trabalhar em compras, pode entrar para a associação profissional correspondente, assinar seu informativo e participar de encontros locais, fazendo contatos.

A pergunta "O que você sabe sobre nós?" é muito comum. Os empregadores querem candidatos que tenham tido a iniciativa e o entusiasmo de descobrir algo sobre a empresa. Destaque-se mostrando que você foi além de visitar o website da empresa. Você já terá feito isso no início de sua pesquisa; agora pode fazer uma última análise e ver se há algo de relevante no noticiário, para que possa demonstrar seus conhecimentos sobre a empresa e o setor.

Da próxima vez que for a uma entrevista munido de todas as informações importantes, sabendo quem é o entrevistador, o que a empresa faz e quais são seus concorrentes, você se sentirá mais confiante e terá uma noção melhor de onde está pisando.

Pesquisa feita, é hora de falar com pessoas. Os próximos dois capítulos o ajudarão com isso.

4. Networking

"Tudo que acontece na sua carreira sempre começa com alguém que você conhece. Você não precisa surfar na rede. Sua próxima grande oportunidade não virá de alguma tecnologia misteriosa ou da descoberta de novas informações. Sua próxima oportunidade virá de alguém que você conhece."
Derek Sivers, fundador e ex-presidente da CD Baby

Muitas pessoas odeiam a ideia de fazer networking e o evitam. Às vezes, precisamos desafiar nossos medos, especialmente se, como no caso de networking, estes envolvem uma parte importante da nossa estratégia de procura de emprego. Não quero deixá-lo desconfortável, mas acredito que é útil sair um pouco da sua zona de conforto. Encarar a situação de outra forma pode ajudar – você não está tentando se vender, mas tratando de se conectar com outras pessoas.

Fazer networking não significa incomodar as pessoas, e sim deixar que elas saibam o que você está procurando. Muitas vezes, trata-se de se reconectar com pessoas que você já conhece, ou de ser apresentado a alguém por um conhecido em comum. É muito importante deixar bem claro que o que você está buscando são conselhos e ideias, e que não está pedindo um emprego.

No estudo de Mark Granovetter, *Getting a Job: A Study of Contacts and Careers* (University of Chicago Press, 1995), 56% das pessoas conseguiram emprego por meio de contatos pessoais. A maioria desses empregos foram encontrados via laços fracos (isto é, conhecidos distantes), e não laços fortes (amigos próximos).

As pessoas que vemos regularmente são pessoas com quem temos muitas coisas em comum – temos interesses similares e gostamos de atividades similares. Ao procurar por novas ideias, pode ser mais útil conversar com pessoas com quem temos contato ocasionalmente. Por meio delas, podemos ser apresentados a novas pessoas, e elas podem ter uma opinião diferente sobre nossa situação.

Pensando em quem contatar, podemos escolher familiares e amigos próximos, pessoas com quem trabalhamos, mas também laços mais fracos – pessoas que conhecemos na escola e na universidade e aquelas que conhecemos por meio da igreja, do clube de tênis, nossos vizinhos e assim por diante. Cada uma dessas pessoas também tem uma rede de conhecidos.

Podemos expandir nossa rede conversando com pessoas de fora de nosso círculo de amizades convencional ou por meio de trabalho voluntário. Também podemos participar de uma associação profissional – então, por exemplo, se você está procurando um emprego em RH, participe de encontros da Associação Brasileira de Recursos Humanos na sua região.

Comece fazendo uma lista de todo mundo que você conhece. Use categorias como família, amigos, colegas de trabalho atuais, clientes e fornecedores, chefes e colegas de trabalho de empregos anteriores, vizinhos, pessoas que você conhece por meio de clubes e organizações, amigos da escola e da faculdade, amigos dos seus filhos ou dos seus pais.

Agora, reveja sua lista. Você não tem como entrar em contato com todos na lista, então **priorize os mais importantes**.

Seus contatos mais importantes são aqueles que:

- conhecem os setores nos quais você está interessado e possivelmente têm contatos estratégicos que podem ajudá-lo com conselhos ou informações (pode ser muito útil se conectar com alguém do mesmo nível organizacional que você, mas que trabalhe em uma função diferente, de modo que ele possa recomendar você a um colega);
- podem lhe contar sobre oportunidades reais e recomendar você a alguém que possa marcar uma reunião e ler seu CV;
- podem não ter contatos imediatos, mas ser uma fonte de ideias úteis.

Além de falar com pessoas que conhece, você pode especificamente procurar pessoas que talvez possam ajudá-lo a conseguir o emprego que procura. Você pode usar vários métodos para encontrar pessoas a quem contatar, por exemplo:

- frequentando conferências e reuniões profissionais;
- trabalhando como voluntário ou participando de um comitê;
- contatando ex-alunos da sua universidade.

Networking não se faz apenas pessoalmente – o networking on-line pode ser muito eficaz. Em particular, participar de discussões no LinkedIn pode ser muito útil (ver capítulo 9).

Mantenha um registro

É muito fácil perder de vista as pessoas com quem você está em contato, por isso use o Excel ou algo similar para configurar uma planilha com as seguintes informações:

- Nome e cargo da pessoa
- Nome do assistente que atende o telefone e outros números úteis
- Quem indicou você
- Data de cada telefonema e/ou reunião
- Assunto discutido
- Reflexões pessoais
- Indicações, se houver
- Ação de follow-up requerida

Agora, você está pronto para explorar sua rede de contatos profissionais.

Se você for específico sobre a ajuda que quer – o tipo de trabalho, o tipo de empresa que o interessa –, será mais fácil para a outra pessoa pensar em possíveis empregos. Quando entrar em contato, mencione sua formação e sua experiência; afinal, mesmo os amigos podem ter dúvidas quanto aos detalhes dos nossos empregos.

A REUNIÃO: PRIMEIRO CONTATO

Agora você pode escolher as primeiras dez pessoas para contatar. Decida se seu contato inicial será por telefone, e-mail ou carta. Um telefonema funciona bem com alguém que você conhece, mas com pessoas ocupadas você talvez não consiga se comunicar dessa forma. O e-mail é fácil, mas pode ser facilmente deletado; uma carta tem mais probabilidade de ser aberta. Sempre inclua um link para a (ou pelo menos dê o endereço da) sua página no LinkedIn. Sugiro que você envie uma carta breve e depois telefone. Desse modo, a pessoa estará esperando seu telefonema e pode ter deixado um recado com o assistente caso esteja indisponível.

Quando telefonar ou escrever, inclua um resumo do que você vem fazendo. Diga que está à procura de conselhos e sugestões para ajudá-lo no processo de procurar emprego. (O capítulo 5, sobre entrevistas informativas, fornecerá detalhes sobre como fazer isso.)

DICA ÚTIL — Com e-mails, crie uma assinatura para que todos os e-mails profissionais sejam enviados com seus dados de contato incluídos automaticamente no final.

Se decidir escrever, a carta a seguir pode ser um bom ponto de partida, bastando adaptá-la a sua situação.

> Prezado Charles,
>
> Tomo a liberdade de lhe escrever porque gostaria de algumas ideias para a próxima etapa da minha vida profissional.
>
> Tendo construído minha carreira como executivo de marketing no setor de telecomunicações, estou considerando a possibilidade de trabalhar no terceiro setor.
>
> Você conhece bastante o setor filantrópico, e eu adoraria ouvir seus conselhos e aprender sobre a situação atual. Envio meu CV em anexo para mantê-lo atualizado sobre o que venho fazendo nos últimos anos e gostaria de encontrá-lo pessoalmente em breve.
>
> Entrarei em contato por telefone na próxima semana para saber quando você estará disponível.
>
> Atenciosamente,
> Kris Jameson

Ao receber seu telefonema, a outra pessoa provavelmente pensará que você está à procura de um emprego, por isso você deve enfatizar que se encontra em uma etapa de pesquisa e está verificando se suas habilidades serão necessárias, por exemplo, em uma entidade filantrópica. Então, proponha uma reunião. Um telefonema poderia ser algo assim:

– Olá, o Simon Jones sugeriu que eu te ligasse... você conhece o Simon?
– *Conheço.*
– O Simon me disse que você seria uma boa pessoa com quem conversar para me ajudar com minha busca de emprego. Você recebeu minha carta?

– *Recebi.*
– Este é um bom momento para conversar?
– *Sim, tudo bem.*
– Estou pesquisando sobre [nome do negócio da empresa, por exemplo, marketing filantrópico] e minha pesquisa indicou que a sua empresa tem uma sólida reputação [ou é líder no mercado]. Você teria como dedicar vinte minutos no fim do dia para responder a algumas perguntas?
– *O que especificamente você quer saber?*
– Os desafios enfrentados pelo setor e os tipos de instituição filantrópica que poderiam se interessar por alguém com meu histórico no setor de telecomunicações. Uma apresentação a algumas dessas instituições seria genial. Eu identifiquei seis instituições que gostaria de contatar e tenho uma lista de perguntas.
– *Por que você não me manda a sua lista por e-mail? Assim posso ver quem eu conheço, e respondo a suas perguntas por e-mail.*
– Obrigado, vou enviar o e-mail hoje mais tarde. Podemos nos reunir daqui a duas semanas?
– *Tudo bem.*

Então marque uma reunião.

Podemos nos sentir um pouco constrangidos ao pedir ajuda, mas se alguém telefonasse para você pedindo ideias e conselhos, você provavelmente iria querer ajudar. Outras pessoas também querem ajudá-lo! Comece com as pessoas que você conhece.

Marque uma reunião presencial

Marque um horário e encontre a pessoa para um café perto do local onde ela trabalha. Pode ser difícil contatar alguns indivíduos, mas insista; os relacionamentos são construídos muito mais depressa quando você os encontra pessoalmente. A segunda opção é se reunir via Skype, pois assim vocês ainda têm uma conexão visual.

Atenha-se ao tempo planejado – no máximo de vinte a trinta minutos – e deixe claro que você não espera uma oferta de emprego. Enfatize que está à procura de conselhos.

Na reunião, você pode resumir sua formação e experiência prévia, mostrar seu CV e perguntar se deve fazer alguma modificação. Exponha a estratégia que você vem adotando para procurar emprego, peça opiniões sobre sua viabilidade no setor em questão e ouça a resposta. A pessoa pode estar preparada para avaliar sua lista de empresas almejadas, se você tiver uma, ou conhecer outras pessoas mais experientes a quem pode apresentá-lo.

Durante a conversa, você talvez queira obter:

- conselhos gerais sobre oportunidades de negócio;
- informações sobre possíveis ofertas de emprego ou sobre a área ou setores em que você esteja interessado. Seu contato pode saber, por exemplo, que uma empresa está se expandindo ou entrando na área etc.;
- informações sobre requerimentos específicos;
- nomes, endereços e telefones de contatos que possam ajudá-lo mais nesse sentido, e os melhores meios de contatá-los.

Também é uma boa ideia perguntar a uma pessoa que o conhece bem se você poderia incluí-la como referência ou se ela escreveria uma carta de recomendação sobre você, ou uma recomendação no LinkedIn.

COMUNICAÇÃO EFICAZ

Escutar demonstra seu interesse. Você aprenderá fatos úteis sobre a situação atual do setor e deve estar preparado para se desviar de sua lista de perguntas. Se for o caso, você pode perguntar se há necessidade de algum trabalho de consultoria. Independentemente de ser remunerado ou não no início, isso pode levar a um emprego permanente, em meio período ou período integral. No final, peça indicações. Estas podem ser para futuras entrevistas informativas ou ofertas de emprego.

As pessoas têm mais probabilidade de ajudar quando existe sintonia. Você pode demonstrar isso espelhando a postura e o tom de voz. Se você está em sintonia com a outra pessoa, provavelmente se inclina para a frente quando ela o faz, ou percebe que ambos seguram o queixo com a mão esquerda. Você não deve passar a impressão de que está imitando, mas quando se concentra em construir um bom relacionamento com alguém, é possível que faça isso naturalmente.

O tom de voz das pessoas pode ser alto ou baixo, estridente ou suave; falar em um tom similar ajuda muito. Se você tem uma voz grave e está falando com alguém com uma voz muito mais aguda, pode tentar fazer ajustes sutis ao seu tom de voz.

Pense em sua linguagem corporal e sua expressão facial, sua postura e seus gestos; mais uma vez, eles devem ser similares aos da pessoa com quem você está falando. E não se esqueça do contato visual – você deve olhar para a outra pessoa.

DICA ÚTIL

Você pode adequar sua linguagem dependendo de como alguém percebe melhor uma situação. Alguns de nós somos visuais, e nos lembramos de imagens; outras pessoas são auditivas, e se lembram de palavras; outras, ainda, são sinestésicas, e se lembram de sensações.

Para descobrir que modo alguém tem mais probabilidade de usar, faça uma pergunta e observe para qual direção a pessoa olha. Se olhar para cima, está se lembrando de uma imagem: é visual. Se olhar para o lado, é auditiva, e se olhar para baixo, está se lembrando de uma sensação. Você pode melhorar sua sintonia com alguém usando a linguagem certa para reforçar o que diz.

Visual: "Estou vendo que...", "Não consigo visualizar...", "A minha perspectiva sobre isso é que..."

Auditiva: "Isso soa familiar", "Estou te ouvindo", "Isso não me diz nada..."

Sinestésica: "Não consigo captar...", "Sinto que...", "Tenho a sensação de que..."

O FOLLOW-UP

Sempre agradeça a pessoa pela ajuda. Todos queremos ajudar os outros e, quando o fazemos, queremos saber que fizemos diferença. Pode ser um telefonema, um e-mail, um cartão-postal – qualquer coisa que diga "obrigado por sair do seu caminho para me ajudar". Por isso, envie uma nota de agradecimento na hora certa. Não perca essa oportunidade de estar diante de seus contatos outra vez.

Mantenha os contatos informados de seu progresso com as empresas e pessoas a quem você foi apresentado. Isso os manterá interessados e fará com que se lembrem de você, de modo que continuarão a passar informações e/ou contatos úteis. Conforme avança em seu networking, você passará para a busca de emprego propriamente dita (mais sobre isso no capítulo 12).

ESTUDO DE CASO

Recentemente, trabalhei com um cliente chamado Henry. Ele identificou o que quer fazer: usar suas habilidades de atuação em uma companhia teatral especializada em obras de mistério. Encontrou informações sobre várias companhias, identificou seus requisitos (preencher um formulário; enviar um CV por correio e não por e-mail etc.) e fará o que corresponde. Mas estava em dúvida sobre o que mais deveria fazer. Então conversamos sobre onde ele poderia encontrar pessoas que trabalham na área – por meio de fóruns on-line e marcando reuniões presenciais.

É improvável que as pessoas que ele venha a conhecer estejam trabalhando diretamente nessa área – seria um bônus se estivessem –, mas elas podem conhecer alguém que esteja.

Henry não perguntará isso logo de cara, mas mostrará interesse e tratará de conhecê-las. Então fará a pergunta. Talvez a pessoa não conheça ninguém, mas ele não se dará por vencido!

É importante ter alguns cartões de visita prontos para entregar. É possível fazer cartões de visita baratos, mas alguns dos fornecedores de baixo custo costumam imprimir seus próprios detalhes de marketing no verso, e por isso você talvez prefira uma impressão profissional. Henry pode encerrar a conversa pedindo para a pessoa entrar em contato se souber de alguém com quem ele possa conversar, e entregando seu cartão – obtendo, em troca, o cartão da pessoa ou seus dados para contato. Ele pode então fazer o follow-up alguns dias depois, oferecendo algo relevante para as necessidades da pessoa, talvez um artigo.

UM PLANO DE NETWORKING

Se você está desempregado, deve estar gastando pelo menos de três a quatro horas por dia procurando emprego ativamente, e a maior parte disso deve ser encontrando pessoas ou participando de discussões on-line. Se, por exemplo, você viu o anúncio de uma vaga de comprador na empresa ABC, procure encontrar alguém de dentro que possa lhe contar o que está acontecendo na empresa – informações que só estão disponíveis para os empregados. Você também pode pesquisar no LinkedIn (ver capítulo 9).

Você também pode descobrir o nome do gerente de RH e do chefe de compras e então pesquisar os nomes no Google para identificar seus interesses e atividades; assim, se o chefe de compras estiver indo a um evento, você pode comparecer e encontrá-lo em uma situação menos formal.

Às vezes não sabemos ao certo o que dizer para pessoas que acabamos de conhecer. Em um evento de networking mais formal, você poderia fazer perguntas como:

- Eu sou novo aqui; qual seria a melhor forma de participar mais?

- Você já conhecia o trabalho do palestrante?
- Ele lançou um livro no ano passado, você leu?
- Esta sessão é sobre redes sociais; você achou útil para a sua carreira?
- O que você sabe sobre este assunto?
- O que você faz?
- Qual é o maior desafio que a sua empresa está enfrentando no momento?

Elas também lhe farão perguntas, então esteja preparado com seu *pitch*. Deixe-as saber o tipo de pessoa ou empresa que você quer conhecer e então faça follow-up para que o tenham em consideração.

DICA ÚTIL

Os psicólogos sociais estudam **gerenciamento de impressão**, uma teoria que afirma que as impressões que as pessoas têm de nós são condizentes com a impressão que queremos passar. Podemos usar isso ao procurar um novo emprego. Se quisermos mudar de área, podemos aumentar nossas chances de sucesso demonstrando que temos os mesmos valores que as pessoas que trabalham nessa área atualmente. Se perceber que os gestores que trabalham na empresa onde você quer trabalhar pertencem a determinada associação, como o Rotary Club, talvez seja uma boa ideia se associar para encontrá-los socialmente. Em uma discussão, em vez de questionar as opiniões do grupo sobre certos temas sociais – iniciativas do governo, por exemplo –, você pode mostrar pontos de vista similares.

Outras maneiras de fazer networking (ou: networking para introvertidos)

Networking é uma atividade muito sociável; você está saindo e encontrando pessoas. Nem todo mundo acha isso fácil, e podemos não querer nos colocar nessa situação com muita frequência.

Se você é mais introvertido por natureza, não alguém que se enche de energia ao estar com outras pessoas, e considera que estar com muita gente nova é uma experiência estressante, talvez prefira fazer networking on-line por meio de fóruns de discussão e do LinkedIn, e se fazer conhecido através de um blog pessoal ou escrevendo um artigo.

Há muitos grupos de discussão por aí, mas eu recomendaria começar com o LinkedIn. Com 500 mil grupos, deve haver muitos que sejam relevantes para sua carreira. Você também pode encontrar grupos via Google e Yahoo. Os grupos do seu interesse podem variar muitíssimo, por isso use uma busca, por exemplo, "fóruns" e "marketing".

> Nesses grupos, a ideia não é chegar pedindo um emprego, e sim aumentar o número de pessoas que você conhece e ser útil. Você precisa entender bem como funcionam antes de comentar, mas procure grupos a que possa acrescentar comentários úteis, melhorando assim sua reputação. Muitos sites lhe permitirão ter uma assinatura, na qual você pode incluir detalhes pessoais, com seus dados de contato claramente informados.

5. Entrevistas informativas

Eu acho as entrevistas informativas realmente brilhantes. Elas o ajudam a saber mais sobre uma empresa ou um cargo, e, como você não está pedindo emprego diretamente, tem muito mais probabilidade de obter uma resposta positiva. Escolha essa abordagem quando você não tem certeza de se deve ou não se candidatar a determinado cargo e deseja mais informações que o ajudem a melhorar uma possível candidatura.

Numa entrevista informativa, você usa habilidades de networking, como abordamos no capítulo anterior, mas agora vai muito mais a fundo para descobrir mais sobre um emprego ou empresa. O capítulo sobre networking o lembra da necessidade de construir conexões eficazes com outras pessoas e de não abordá-las pedindo um emprego diretamente.

Então, você passa para entrevistas informativas para obter informações.

As pessoas gostam de ajudar outras pessoas, e um pedido de ajuda claro em um encontro presencial resulta em sucesso 50% das vezes (antes da recessão do fim dos anos 2000 e início da década de 2010, um índice de sucesso de 90% era comum, mas agora há mais gente adotando esse método, e as pessoas são ocupadas...). No entanto, muitas pessoas fazem isso da forma errada: são exigentes, não personalizam e esperam que o destinatário faça o follow-up. Você se sairá muito melhor se seguir os conselhos deste capítulo.

Você precisa ser claro sobre por que está entrando em contato: você não está pedindo um emprego, e sim tratando de obter mais informações. E é você quem deve fazer o follow-up – não pode esperar que eles o contatem. A prioridade é sua, não deles.

Há três razões para usar esse tipo de entrevista:

1. Quando você já pesquisou bastante e agora precisa conversar com alguém que tem experiência prática em determinado emprego para ver se este corresponde a suas expectativas.
2. Quando você sabe o que quer fazer e está procurando uma forma de aumentar sua probabilidade de conseguir um emprego.
3. Quando você quer muito um emprego em uma área ou empresa específica e está reunindo mais informações para melhorar uma candidatura ou fazer uma abordagem direta.

As entrevistas informativas podem ajudá-lo a começar a construir um relacionamento com alguém que trabalha na empresa onde você quer trabalhar, e isso pode ajudar mais tarde quando você se candidatar a uma vaga ou adotar a abordagem direta. Em áreas muito competitivas, isso aumentará consideravelmente suas chances de conseguir um emprego. Você aprenderá mais sobre o setor e a empresa com alguém que está trabalhando na área atualmente e pode usar isso para personalizar sua candidatura.

Uma entrevista informativa bem-sucedida pode resultar em uma solicitação para acompanhar um profissional por um dia ou mais. Você aprenderá muito mais, por exemplo, sobre ser um banqueiro de investimento se o acompanhar por um dia do que aceitando um emprego de gerente de back office por três meses.

Você pode conseguir entrevistas informativas por indicação ou por meio de um telefonema.

DICA ÚTIL: É imprescindível que você tenha pesquisado on-line antes de entrar em contato. É extremamente irritante quando alguém faz perguntas que poderiam ter sido respondidas via internet.

Os mesmos princípios apresentados no capítulo anterior com relação a networking se aplicam a entrevistas informativas. Então, envie um e-mail breve (ou seja retrô e envie uma carta!) seguido de um telefonema.

Quando entrar em contato, informe claramente o seu propósito. Seja breve e conciso. Trate de se comunicar como alguém que a pessoa desejará conhecer. Demonstre que você já pesquisou. Mencione alguns destaques do seu CV. Se você chegou à pessoa por meio de uma indicação, diga isso. Se não, procure interesses em comum; parabenize a pessoa por alguma realização ou mostre curiosidade sobre a empresa ou a área.

Se você tornar sua abordagem pessoal, para não passar a impressão de que está contatando um monte de gente, é mais provável que a pessoa diga sim. Se sua abordagem não funcionar, você precisa verificar se não está sendo muito insistente. Coloque-se no lugar da pessoa e escreva algo memorável que atraia sua atenção.

Dê seguimento com um telefonema para marcar uma reunião. Algumas pessoas sugerem ligar depois das 17h30, quando o assistente possivelmente terá ido embora. O ideal é que você tente falar com pelo menos três pessoas que realizam o trabalho que lhe interessa; portanto, esteja preparado para entrar em contato com cinco ou seis pessoas.

ESTUDO DE CASO

Esta é uma carta real de um cliente que conseguiu uma reunião.

Prezado Geoff,

Seu perfil no LinkedIn chamou a minha atenção e achei que seria uma boa ideia lhe enviar uma carta. Recentemente falei com Eric van Olsen, e ele recomendou que eu entrasse em contato com você.

Minha experiência é em gestão de cadeia de suprimentos, e agora estou interessado em me dedicar à consultoria de gestão de projetos. Minha pesquisa identificou a Jones & Jones como líder nessa área.

Minha carreira até o momento abrangeu a maioria dos aspectos da gestão de cadeia de suprimentos e do atendimento ao consumidor. Há não muito tempo, fui gestor de projetos em um projeto de centralização de armazenagem na Schmidt GmbH. Antes disso, fui membro da equipe de aquisição envolvida no lançamento pan-europeu do sistema ERP XYZ. Durante o projeto XYZ, passei longos períodos em Xangai e em Munique trabalhando com colegas da Schmidt e também com os consultores (Omega Lambda). No fim do projeto, as equipes se dispersaram, cada uma para seu país de origem, para implementar com sucesso o XYZ. Isso foi realizado junto com os consultores da Omega Lambda.

Você poderia dedicar vinte a trinta minutos do seu tempo para fornecer mais informações e conselhos sobre as possibilidades de carreira em consultoria? Ou, se achar que um colega seria mais apropriado, talvez possa me indicar.

Telefonarei para o seu escritório na próxima quarta-feira, 25 de abril, para discutir um momento conveniente para nos encontrarmos.

Desde já, agradeço a ajuda e, nesse ínterim, ficaria feliz em enviar meu CV a você ou a seus contatos.

Atenciosamente,
David Pearson

Esta é a introdução da carta de Fiona, que ilustra uma forma diferente de iniciar uma carta:

Estou muito interessada em mudar para um cargo de gerenciamento de serviços na área de Serviços Financeiros. Atualmente estou pesquisando para ter certeza de que esta é a mudança certa a fazer e, como você tem muita experiência na área, eu adoraria conversar com você a fim de entender melhor o trabalho envolvido e de que modo minhas habilidades poderiam ser bem aplicadas.

E Paul concluiu sua carta de uma forma diferente:

Vejo que você estará dando um seminário no City College na semana que vem; estaria disponível para um café logo em seguida? No momento, estou à procura de conselhos sobre a melhor maneira de começar a trabalhar como consultor em um setor de voluntariado como o seu, já que sua trajetória profissional é similar a minha.
Telefonarei para o seu escritório na próxima terça-feira, 24 de abril, para combinar de nos encontrarmos.

Prepare suas perguntas

Antes de chegar o momento de telefonar, você deve ter suas perguntas prontas para o caso de a pessoa querer conversar sobre isso por telefone no mesmo instante. Isso não é o ideal – um encontro presencial é melhor –, mas às vezes as pessoas querem que você siga em frente, então esteja preparado.

Prepare uma lista de perguntas; provavelmente de seis a oito é o máximo que você conseguirá abordar. Você identificará algumas por meio de sua pesquisa, mas os exemplos a seguir também são úteis. Sua primeira entrevista informativa será abrangente e genérica, mas se tornará mais específica à medida que você obtiver mais informações.

> **NÃO ESQUEÇA!!!** Trate de pesquisar bastante antecipadamente, para concentrar suas perguntas no que você não conseguiu encontrar on-line, em vez de desperdiçar uma oportunidade com perguntas básicas.

Você pode fazer perguntas que foquem no emprego, tais como:

- O que você faz durante um dia ou semana típica de trabalho?
- O que você considera estressante, incômodo ou desagradável no seu trabalho?
- Com que tipos de desafios ou problemas você tem de lidar no seu trabalho?
- O que você considera mais gratificante e mais frustrante no seu trabalho e na sua área?
- Quanto do seu trabalho envolve interação frente a frente?
- Você considera seu trabalho competitivo ou colaborativo? Pode me falar mais sobre isso?
- No seu trabalho há muita pressão para cumprir prazos?
- Como você imagina o futuro desse tipo de trabalho?

Você pode fazer perguntas sobre a escolha da carreira:

- Como você decidiu ser ...?
- Que preparo, formação e/ou experiência você tinha, e o que sugeriria para alguém que está começando nessa área?
- Sabendo o que você sabe hoje, o que teria feito diferente ao tentar essa carreira?

Você pode fazer perguntas sobre a empresa:

- Que atributos, habilidades e experiências sua empresa procura em novos funcionários?
- Como as pessoas ficam sabendo das vagas de emprego na sua empresa? Se por meio de sites, quais? Se de boca em boca, quem espalha a notícia?

Você pode fazer perguntas sobre o planejamento da carreira:

- Que conselhos você daria para alguém interessado no seu trabalho?
- Se você estivesse no meu lugar, como faria para entrar na área?
- Que opções alternativas não exigem um nível tão alto de qualificação?
- O que eu precisaria fazer para ser um candidato atraente para um emprego nessa área?

E você também pode perguntar:

- Qual é o salário médio inicial para uma pessoa entrando nessa área?
- Com quem mais você recomendaria que eu conversasse para saber mais sobre a carreira?
- Você tem mais algum conselho para me dar?
- Posso entrar em contato novamente se surgirem outras perguntas?

O TELEFONEMA

Depois de enviar a carta, telefone para marcar uma reunião. Peça vinte a trinta minutos do tempo da pessoa. Alguns acham que você está procurando emprego. Esclareça que não está, que seu objetivo é pesquisar essa carreira em particular.

DICA ÚTIL — Dar esses telefonemas pode ser um pouco estressante, principalmente da primeira vez, então respire fundo e seja confiante e otimista. Se você ficar de pé enquanto fala, terá mais energia e passará mais confiança.

Depois de ter se conectado com a pessoa apropriada, sua conversa pode ser mais ou menos assim:

Aqui é [seu nome]. Estou pesquisando carreiras e tenho muito interesse em [fale sobre o tipo de cargo, setor ou empresa]. Você é conhecido como um especialista na área, e eu gostaria de ter a oportunidade de encontrá-lo e conversar sobre isso.

Seu próximo objetivo é marcar uma reunião. Você poderia dizer "Acredito que trinta minutos seria o ideal, mas agradeço o tempo que você puder me conceder".

Finalmente, agradeça e conclua com uma confirmação da data e hora do encontro. Você pode enviar um e-mail de agradecimento e confirmar a reunião por escrito.

Durante a reunião

O objetivo de uma entrevista informativa é obter mais informações sobre uma possível carreira, ou aprender mais para aumentar suas chances de sucesso.

A entrevista também é uma oportunidade de:

- mostrar a eles que você valoriza seu tempo ao estar preparado – deixe as perguntas prontas;
- pedir feedback sobre seu CV, qualificações e rumo proposto;
- solicitar contatos que poderiam ser úteis com conselhos e sugestões (NÃO para pedir emprego) e, idealmente, ser apresentado a eles;
- pedir permissão para usar o nome do entrevistado como introdução se você for contatá-los pessoalmente;
- perguntar se você pode ajudar de alguma maneira;
- pedir permissão para manter o entrevistado informado sobre seu progresso.

Além disso, é importante:

- não criticar ex-colegas ou chefes;
- sorrir e manter contato visual;

- estar preparado para a possibilidade remota de que uma oportunidade de emprego entre em discussão;
- escrever uma carta de agradecimento após a reunião.

Se você estiver realmente interessado na carreira que acabou de explorar, pode tentar conversar com outras pessoas que trabalham na área. Depois de agradecer à pessoa por seu tempo e esforço, você pode dizer:

> Aprendi muita coisa hoje. Depois de ouvir sobre a sua empresa, fiquei interessado em conversar com outras pessoas sobre essa área. Estou especialmente interessado em [alguma área em especial que tenha surgido durante a reunião]. Com quem você acha que eu posso conversar?

Use essa abordagem. É positiva e presume que a pessoa conheça alguém (ao contrário de "Você sabe de alguém com quem eu possa conversar?").

Você talvez perceba que esse não é o caminho a seguir, mas que esse contato ainda lhe pode ser útil. Nesse caso, pode dizer:

> Muito obrigado por seu tempo e empenho. Agora que conheci um pouco mais, acho que eu seria mais eficaz em uma empresa menor, onde eu não precisasse me especializar tanto – pelo menos, preciso verificar isso. Com quem você acha que eu posso conversar?

Revisão

A reflexão pode ser útil. Revise as informações que você obteve e também o modo como se expressou. O que pode melhorar para a próxima vez?

Você talvez perceba que não quer seguir esse caminho. Muito melhor descobrir agora do que três meses depois de ter mudado de emprego! Você ainda pode usar a abordagem das indicações.

As pessoas pertencem a clubes ou outras organizações, e ainda podem conhecer alguém que possa ajudá-lo. Simplesmente diga à pessoa o que você está procurando, com base no que aprendeu. As indicações podem ser para áreas similares ou totalmente diferentes.

À medida que sua pesquisa avança, suas perguntas se tornarão muito mais específicas, algo como: "Que tipo de trabalho há disponível na área de publicidade para alguém que ama desenhar?" ou "Tenho interesse em computação, música clássica e viagens. Existe alguma coisa que possa combinar esses interesses?".

Independente de confirmar que determinada área é uma boa opção para você ou descobrir que um certo emprego não é o que você procurava, ambas as informações são valiosas. Procure respostas específicas do maior número de pessoas que conseguir, e não se esqueça de usar o LinkedIn.

6. O CV

É *muito* mais fácil criar seu CV depois que você souber o que quer fazer; do contrário, você provavelmente manterá suas opções abertas, e seu CV não estará direcionado a um emprego em particular.

NÃO ESQUEÇA!!! Um CV insosso e genérico dificilmente atenderá aos requisitos de um emprego.

Como seu CV receberá menos de um minuto da atenção de alguém em um primeiro filtro, você precisa prender a atenção do leitor, em particular quando ele olha para a metade superior do documento. Isso é o que aparecerá na tela do computador antes de a pessoa clicar na barra de rolagem. Seu CV será visto pela primeira vez na tela, e não no papel, então deixe espaço em branco suficiente para que as informações se destaquem em uma tela de computador.

Seu CV talvez nem seja visto por uma pessoa real; a maioria das grandes empresas usa softwares para filtrar quem selecionar para uma entrevista. Você precisa se certificar de que seu CV inclua palavras-chave específicas e que seja adequado à descrição da vaga.

Você provavelmente já tem um CV, então quero que o avalie criticamente. Imagine que está selecionando candidatos para o emprego que procura; você se selecionaria? Nós revisaremos seu CV seção por seção, mas primeiro tenhamos uma visão geral.

Considerando que seu CV receberá atenção limitada, você não deve tentar incluir tudo que puder, e sim se concentrar no que é relevante para a vaga em particular. A opinião geral é que duas páginas (um A4 frente e verso) são suficientes; com um histórico profissional limitado, bastaria uma página e meia, e um executivo muito experiente pode ter três páginas. Só forneça um CV mais longo quando for absolutamente necessário.

Você pode ajudar o selecionador chamando a atenção para informações importantes por meio do uso de **negrito** e <u>sublinhado</u>. Você quer que seu CV vá para a pilha que recebe uma segunda avaliação, mais detalhada, e destacar informações essenciais ajuda.

Há três tipos de CV:

- cronológico;
- baseado em habilidades;
- uma combinação de ambos.

Qual deles escolher?

O CV cronológico – Escolha esse se você tem um histórico de emprego estável em um setor ou área funcional e quer permanecer na mesma linha de trabalho. (Se você está querendo mudar de carreira, ou se esteve fora do mercado de trabalho por um tempo, talvez prefira o CV baseado em habilidades.)

O CV baseado em habilidades – Muitos candidatos possivelmente adequados acabam não sendo selecionados para uma entrevista porque não se encaixam no perfil de candidato esperado. Um CV baseado em habilidades pode ajudá-lo a superar esse problema. Com esse tipo de CV, a maior parte da primeira página lista exemplos relevantes para os principais requisitos da vaga, tornando mais fácil identificar se você corresponde ao perfil buscado. Mas cuidado, pois alguns selecionadores podem se perguntar o que você está tentando esconder com esse estilo de CV.

Deixe-me explicar agora como criar um CV cronológico. Mesmo se achar que um CV baseado em habilidades será melhor para você, também é útil criar um desse estilo.

O CV CRONOLÓGICO

CABEÇALHO

É onde você incluirá seu nome e seus dados de contato. Você não precisa escrever "Curriculum Vitae" por extenso no topo; as pessoas sabem de que documento se trata. Você também não precisa colocar todos os seus dados de contato em uma fonte de tamanho grande. Um bom cabeçalho para um CV é similar a este:

Sam Moore MBA http://www.linkedin.com/in/samkmoore	275 Wellington Road, Chester CH4 5TW 01244 123 456 07931 555 666 samkmoore@gmail.com

O nome e os dados de contato estão apresentados de maneira clara, e o link para o perfil no LinkedIn está disponível, de modo que o leitor pode encontrar mais informações sobre você rapidamente. Não há necessidade de incluir aqui seu número de identificação social, estado civil, detalhes da carteira de motorista etc.; você estaria desperdiçando a parte mais importante do seu CV. Você talvez não queira incluir seu endereço postal, considerando que praticamente toda a correspondência é por e-mail (e por razões de segurança), mas procure ter uma mensagem de voz personalizada (e profissional) na secretária eletrônica; assim, quem telefonar terá certeza de que entrou em contato com a pessoa certa.

PERFIL E PALAVRAS-CHAVE

Muitas pessoas incluem um parágrafo longo com ênfase no que querem, mas uma empresa está muito menos interessada em saber o que você quer do que em saber o que você pode fazer por ela. Portanto, **seja sucinto e pertinente ao emprego.** A empresa não se importa com você; só se importa com sua própria situação. É por isso que a pesquisa é importante – ajuda a entender os problemas que a empresa enfrenta para que você possa demonstrar de que modo é capaz de resolvê-los.

Quando um CV é incluído em um banco de dados, as empresas usam softwares de rastreamento para procurar candidatos relevantes usando palavras-chave; então, use palavras-chave pertinentes para aumentar a probabilidade de ser compatível com uma vaga em particular. Você pode identificá-las avaliando os anúncios de emprego para a vaga que procura.

Use palavras-chave suficientes para definir suas habilidades, experiência, formação, afiliações profissionais etc. Aumente sua lista incluindo informações específicas; por exemplo, liste os nomes de software que você usa, mas inclua também as habilidades essenciais que você tem e que são necessárias para o emprego ao qual está se candidatando. Inclua essas palavras-chave também em outras partes do seu CV.

ESTUDO DE CASO

Uma das minhas clientes incluiu um perfil conciso, mas deixou bem claro o que podia oferecer para a empresa, e isso a levou a ser pré-selecionada:

Executiva de marketing com cinco anos de experiência em bens de consumo de alta rotatividade, agora pronta para oferecer consultoria sob medida a fim de aumentar a eficiência dos clientes.

Outras pessoas incluirão mais detalhes, como:

Gerente de operações altamente qualificado, com um histórico bem-sucedido de aumentar a receita e reduzir os custos de operação. À procura de uma empresa que valorize o foco no cliente acompanhado de um desejo de trazer melhorias a todas as áreas do negócio – finanças, moral dos funcionários e impacto ambiental.

Histórico de emprego

Ao escrever sobre seu histórico profissional, muitas pessoas cometem o erro de listar a descrição do cargo; elas incluem uma porção de detalhes sobre o que fizeram, em vez de listar os resultados que alcançaram. Se você fez o mesmo, precisa repensar essa seção.

Esta é uma abordagem útil de adotar:

1. Escreva os detalhes de cada emprego que você teve, incluindo atribuições de curto prazo

Você não necessariamente incluirá todos eles no seu CV, mas deve estar ciente dos empregos que teve e das datas. Pode haver lacunas entre um cargo e outro, ou no período em que você esteve viajando ou à procura de emprego; trate de ter um registro preciso de onde trabalhou, o que fez e por quanto tempo.

Muitas pessoas ficam confusas quanto a quem é seu empregador quando têm um trabalho temporário. Se você foi contratado por meio de uma agência, o empregador é a agência para a qual você trabalhou, e não a empresa onde foi alocado.

Se você teve uma série de trabalhos temporários, pode agrupá-los desta forma:

Adecco, Agência de Empregos   Outubro de 2010 – Abril de 2011
Várias atribuições de curto prazo trabalhando como assistente administrativo no setor de serviço social.

Então, liste os resultados obtidos sob as diferentes atribuições.

Em todos os níveis hierárquicos, podemos trabalhar em atribuições de curto prazo. Jack trabalhou para quatro empresas em dois anos na função de gerente contábil, por causa de contratos de curto prazo. Ele queria minimizar a importância desse período, já que outros empregos duraram três anos ou mais. Por isso, em seu CV, escreveu:

1998-2000 Gerente contábil

Durante esse período, trabalhei para várias grandes empresas, entre as quais [nome da empresa] e [nome da empresa], mediante contratos por tempo determinado.

Se você teve muitos empregos, incluir as datas do lado direito significa que elas não são consideradas importantes, já que lemos da esquerda para a direita.

As pessoas geralmente ficam em dúvida sobre onde incluir trabalho voluntário – em seu histórico profissional ou em uma seção separada. Para a maioria das pessoas, incluir em seu histórico de empregos é o melhor lugar, mas não se esqueça de indicar que o trabalho é voluntário, e não remunerado.

2. Identifique e liste os resultados obtidos

Agora que você tem sua lista de empregos, pode começar a pensar nas tarefas que realizou. Muitas pessoas não querem se dar ao trabalho de listar os resultados obtidos e, em vez disso, praticamente copiam e colam os detalhes da descrição de emprego – mas assim não serão selecionadas.

Para criar um CV eficaz, você precisa ir além da lista de tarefas que realizou e focar no impacto para a empresa. Estou sempre perguntando aos meus clientes: "e qual foi o resultado disso?".

Você deve visar incluir três ou quatro tópicos sob cada emprego; talvez até seis para o seu emprego mais recente e menos para os mais antigos. Revise o que incluiu e procure a relação entre esse emprego e o emprego ao qual está se candidatando.

Pense nas diferentes tarefas que realizou em seu último emprego. Pense em um problema que teve de resolver ou uma oportunidade que soube aproveitar. Quais das suas habilidades ou qualidades você usou, ou quais conhecimentos? Qual foi o benefício dessa ação? É possível quantificar o que você fez – você economizou ou gerou dinheiro ou tempo, ou reduziu custos com pessoal? Comece escrevendo sobre isso!

Os exemplos a seguir ilustram como listar os resultados obtidos:

- Trabalhei com funcionários e associados para aumentar o giro de estoque em 15% e as vendas em 23%.
- Treinei 14 novos funcionários, 5 dos quais foram rapidamente promovidos. Concebi e implementei um novo programa de treinamento de vendas que resultou em um aumento de 37% em novos negócios.

Com muita frequência, as pessoas não conseguem enfatizar suas qualidades. Por exemplo: "Minhas responsabilidades incluíram a supervisão de funcionários" teria um impacto muito maior se redigido como "Gerenciei eficazmente uma equipe de seis funcionários, proporcionando orientação e treinamento que levou nosso trabalho a ser elogiado pelo diretor executivo". Em vez de "Excelentes habilidades de comunicação", mude para "Reconhecido por minhas habilidades de fazer apresentações, entre as quais se destaca o discurso vencedor para um projeto de 50 mil libras para minha empresa".

Criamos valor em nosso emprego de diferentes maneiras. Podemos não ganhar um contrato de meio milhão de libras, mas sermos brilhantes inspetores de saúde e segurança e fazermos com que nossa empresa economize milhões ao garantir segurança às pessoas e evitar acidentes. Podemos ser garçons excelentes de modo que as pessoas voltem ao nosso restaurante repetidas vezes e o recomendem aos amigos. Podemos não poupar esforços e fornecer um atendimento de alto nível aos clientes da oficina mecânica, para que eles voltem cada vez que o carro precisar de manutenção e comprem seu próximo carro em nossa empresa.

Pense em exemplos similares a esses para melhorar essa seção do seu CV.

Formação acadêmica, cursos de aperfeiçoamento e desenvolvimento profissional

Você precisará incluir detalhes de sua educação formal. Não precisa incluir datas se achar que isso pode levar a discriminação. À medida que você fica mais velho, certificados do ensino médio etc. tendem a se tornar irrelevantes, mas vale a pena incluí-los se você os obteve na vida adulta.

Você também deve incluir detalhes de cursos relevantes que tenha feito. Não deixe de incluir aqueles que são pertinentes ao emprego que almeja, mas você pode incluir também outros cursos que demonstrem sua disposição para aprender coisas novas.

Como preparação, você pode tomar nota de cada curso que fez, a data, a duração e os benefícios que obteve.

Inclua detalhes de seus conhecimentos de informática. Liste seu nível de competência em Word, Excel etc. Se você for autodidata, isso provavelmente será uma avaliação pessoal, a não ser que tenha obtido uma certificação, como as concedidas pela Microsoft.

E quanto aos idiomas? Isso pode ajudá-lo a se destacar. Se você tem um nível de fluência razoável, vale a pena mencionar, mas não minta, ou pode acabar tendo de responder perguntas no idioma em que alega ser fluente.

Associações profissionais

Se você é membro de organizações como o Instituto de Marketing, ou é um engenheiro legalmente habilitado, inclua detalhes, com a data em que se tornou membro ou obteve o registro.

Interesses pessoais/atividades de lazer

Você deve incluir isso? Se acha que pode ser uma vantagem e tem uma história interessante para contar que relacione seu interesse com o emprego que procura, talvez valha a pena, mas você nunca tem como saber. Não conhecemos os preconceitos dos entrevistadores – alguns têm um desagrado imediato por pessoas com determinado hobby. Inclua detalhes de interesses que são individuais, e podem achar que você não trabalha bem em equipe; esportes aventureiros demais, e podem se perguntar quanto tempo você se ausenta do trabalho por causa de acidentes ou doenças. Se for incluir leitura, por exemplo, acrescente o tipo de livro que lê e por quê. Em vez de escrever "corrida", expanda para "treinando para correr meia maratona na primavera".

O CV BASEADO EM HABILIDADES

O preparo que você fez para seu CV cronológico também será útil para criar um CV baseado em habilidades, mas o foco será diferente. A ênfase principal será em quão bem você atende aos requisitos do emprego.

ESTUDO DE CASO

Lizzie quer trabalhar como executiva jurídica. As principais habilidades requeridas incluem:

- excelentes habilidades de comunicação oral e escrita;
- capacidade de explicar questões jurídicas de maneira clara;
- paciência, tato e discrição;
- boas habilidades administrativas e bom conhecimento de informática;
- precisão e atenção aos detalhes;
- capacidade de pesquisa;
- organização;
- capacidade de trabalhar sob pressão.

Ela identificou os requisitos dessa carreira em particular reunindo anúncios para o cargo escolhido e tomando nota dos requisitos que apareciam com mais frequência.

Lizzie usa os pontos acima como cabeçalhos na primeira página de seu CV. Sob cada um, ela dá exemplos de como seu histórico atende àquele requisito.

Então, isso é seguido de um resumo de seu histórico de empregos, que ela mantém conciso, incluindo apenas o cargo, o empregador e as datas.

Você ainda incluirá detalhes de sua formação acadêmica e cursos, como no CV cronológico.

Revise

Seu CV não é criado isoladamente, e sim com foco no emprego específico que você procura. Depois de criar seu CV, revise-o de maneira objetiva. Ele o apresenta como um bom candidato ao emprego que você quer? Peça conselhos a pessoas que trabalham em Recursos Humanos ou em uma empresa de seleção, ou às pessoas com quem você conversar em entrevistas informativas: elas o chamariam para uma entrevista de emprego?

Se a resposta for não, você talvez precise repensar se o trabalho que identificou é um objetivo realista nessa etapa da sua carreira. Talvez você precise adquirir mais experiência ou mudar para um emprego intermediário até estar pronto.

O CV em formato de texto

A maioria dos sites de emprego na internet e formulários on-line pedirá que você cole seu CV em caixas de texto. Começar com uma versão em texto simples significa que você não irá se deparar com símbolos estranhos quando o software do site de emprego eliminar a formatação.

> **DICA ÚTIL**
>
> Para criar um CV em formato de texto, não perca tempo com seu documento Word; em vez disso, salve seu CV como um arquivo de texto simples ou o copie em um programa de edição de texto como o Notepad. Ao abri--lo, você verá que perdeu toda a formatação, como sublinhado, negrito, fontes etc.

Você pode melhorar o layout inserindo quebras de linha (use o botão "enter" para iniciar uma nova linha). Sem quebras de linha, pode até parecer OK em um programa de processamento de texto, mas pode ser bem difícil de ler via um editor de texto. Você pode melhorar o estilo se usar CAIXA ALTA nos cabeçalhos.

Trate de incluir **todos** os dados de contato nos locais apropriados, com uma quebra de linha entre eles.

Finalizando seu CV

Agora que terminou seu CV, abandone-o por pelo menos 24 horas e então volte para revisá-lo. Faça a si mesmo as seguintes perguntas:

- É conciso e claro? Verifique se cada palavra ajuda a comunicar a mensagem desejada. Se seu CV ocupa uma página e meia, não se sinta tentado a ocupar o espaço restante.
- Prende a atenção? Destaque realizações que beneficiarão o empregador. Descreva de que modo seu trabalho levou a resultados mensuráveis que beneficiaram sua empresa.
- É fácil de ler? Atenha-se a um padrão lógico, seguindo convenções. Com um CV cronológico, comece com o emprego mais recente e termine com o mais antigo. Use verbos no presente para seu emprego atual, e no pretérito para todos os empregos anteriores.
- Todas as palavras usadas estão em sua forma mais simples? Você não quer fazer que a pessoa responsável pela pré-seleção se sinta

inferior se não compreender sua superabundância de terminologia polissilábica (uso excessivo de palavras compridas!).

REVISE O LAYOUT

Geralmente, é melhor aderir aos seguintes princípios:

- As margens devem ter pelo menos 2,5 cm de largura. Não use margens menores para poder encaixar mais palavras.
- Use negrito no seu nome e nos títulos de seção, e também para enfatizar palavras-chave.
- Use itálicos para os nomes de publicações e termos estrangeiros, se houver.
- Use apenas dois tamanhos de fonte, e evite CAIXA ALTA e uso excessivo de sublinhado.
- Não use texto justificado. Textos desalinhados à direita são muito mais fáceis de ler.
- Coloque seu nome no rodapé usando uma fonte de tamanho menor.
- Coloque as datas do lado direito se não quiser enfatizá-las.

LEIA E RELEIA

Você deve reler seu CV: uma vez para verificar a exatidão das informações (números, nomes de cidades etc.), uma vez para ver se há palavras faltando ou sobrando, e uma vez mais em busca de erros de ortografia. Não confie demais em um corretor automático; não pegará palavras mal usadas, mas grafadas corretamente, como "careira" em vez de "carreira" etc.

VERIFIQUE SE SEU CV ESTÁ LIVRE DE JARGÕES

Muitas vezes usamos abreviações e acrônimos (TQM, ALS, BPR) ou descrições internas de cargos que têm pouco significado para outras pessoas. Certifique-se de que tudo em seu CV seja fácil de compreender, e peça para outra pessoa ler e veja se ela entende.

Uma última verificação

Antes de enviar seu CV, verifique o seguinte:

- Ele destaca suas realizações, em vez de trazer uma lista descritiva do que o trabalho envolvia?
- Os verbos estão em sua forma "ativa"? Você escreve "eu fiz", "eu realizei", em vez de, por exemplo, "eu fui reconhecido por"?

Ativo: "Realizei um excelente atendimento aos clientes, o que levou ao reconhecimento da empresa."
Passivo: "Fui reconhecido por minhas habilidades de atendimento ao cliente."

- Você enfatiza suas principais habilidades?
- Você enfatiza realizações especiais fora do trabalho?
- Você evitou "lacunas" que confundiriam o entrevistador?
- O que você fez está quantificado quando apropriado? (Os entrevistadores adoram o uso de números, por exemplo "quanto dinheiro/tempo você economizou?")
- Você usou adjetivos para dar ênfase ou importância? ("Experiência excelente", "responsabilidade única")
- Você está dizendo o que pode fazer pelo empregador (concentrando-se em benefícios)?
- Você está dizendo apenas o que eles precisam saber?

ALTERNATIVAS A UM CV DE DUAS PÁGINAS

Um CV não precisa ocupar a frente e o verso de um A4. Você pode transformá-lo em um folheto de três partes, dobrá-lo de modo que caiba dentro de um cartão para uma ocasião especial e enviá-lo na Páscoa ou no Natal, e assim por diante. Se você é designer, pode criar um livreto.

Se o seu trabalho envolve a análise de números, pense em qual seria a melhor forma de comunicar essa habilidade. Se você acha que é estratégico, crie um relatório estratégico.

Você pode ver alguns exemplos de CVs criativos aqui:

http://pinterest.com/amazingpeople/example-cvs/

Não espero que a maioria das pessoas consiga criar CVs exatamente como esses, mas eles podem servir de inspiração.

7. Prepare-se para procurar emprego

Procurar emprego é mais fácil se você for estruturado e organizado. Você terá tarefas diárias, semanais e eventuais; o importante é que avalie como as coisas estão indo e, se encontrar obstáculos, analise para que possa aprender e seguir em frente. Mas não se esqueça de se parabenizar por seus sucessos!

Você precisa decidir quanto tempo pode dedicar à busca de emprego. Se não está trabalhando, procurar emprego pode ser seu trabalho em tempo integral, mas se está procurando emprego enquanto trabalha, precisa encontrar um tempo para fazer isso, talvez levantando mais cedo ou assistindo menos TV. Pense realisticamente em quanto tempo você pode dedicar a isso – duas horas por dia é possível?

Nem todo mundo pode se dar ao luxo de um home office, então a primeira tarefa é tratar de ter espaço, tanto no computador quanto em casa, para manter as coisas organizadas e fáceis de acessar. Você precisará de uma mesa para trabalhar, um espaço para guardar papéis e documentos e um sistema para acessar anúncios e formulários facilmente.

É conveniente ter sistemas de arquivamento on-line e em papel, para que você possa acessar com rapidez as cópias relevantes do seu CV etc. Você também precisa ter todos os seus certificados e diplomas à mão, já que muitas vezes terá de apresentá-los para confirmar suas qualificações.

DICA ÚTIL

Cada vez que se candidatar a um emprego, guarde uma cópia do anúncio de emprego, da versão correspondente do seu CV e de sua carta de apresentação para que possa consultá-los novamente. Manter cada um em uma pasta de plástico separada pode ser útil. Além disso, guarde cópias de sua correspondência cada vez que você se dirigir diretamente a uma empresa ou agência.

Às vezes, você terá de enviar uma carta ou currículo por correio – nem tudo é feito on-line –, por isso tenha papel de boa qualidade disponível para uso.

Tenha um sistema on-line ou em papel para agendar tarefas (listas de tarefas diárias e semanais) e anotar compromissos. Você também deve manter um registro de todas as pessoas que contata e quando, para que seja mais fácil fazer o follow-up.

Um registro diário de atividades

Todas as noites, anote o que você fará no dia seguinte. Isso o manterá focado, garantindo que as tarefas mais importantes sejam feitas primeiro. Suas tarefas incluirão pessoas com quem conversar, empregos aos quais se candidatar e pesquisas a realizar.

Liste seus objetivos para o dia e anote quanto tempo pretende gastar com cada tarefa. Posteriormente, você pode revisar para ver se está aproveitando bem o seu tempo.

Exemplo de registro diário de atividades:
24 de abril

- Comprei o *Guardian* para procurar emprego. Risquei aqueles que eram claramente inadequados e usei um marca-texto para circular os que podiam ser do meu interesse.
- Fui à biblioteca para ler o *Financial Times* a fim de acompanhar as mudanças no setor.
- Em uma sala de bate-papo, conversei com uma pessoa que também está procurando emprego e fomos tomar um café. Trocamos cartões de visita e combinamos de nos encontrar na biblioteca na semana que vem para trocar informações úteis. Fiquei feliz porque ela me passou seu e-mail.

- Vi que os serviços da XXX estão se expandindo. Pode ser que abram vagas na minha área de especialidade. Deixei anotado para acompanhar.
- Passei a tarde toda preenchendo um formulário para a ABC Ltda.; era um formulário complicado, e fiquei feliz de ter feito uma fotocópia ontem, pois pude usá-la para criar um rascunho.
- Examinei minha carta e a adaptei para enviar à XXX. Telefonei primeiro para saber quem seria a pessoa mais apropriada para recebê-la.
- Recebi um telefonema de Colin Pemberton (01606 XXXXXX). Ele é amigo do Andrew Wilson e disse que pode surgir alguma coisa e gostaria de me ver. Ficamos de nos encontrar na Old Vicarage, Holmes Chapel às 11h45 esta sexta-feira. Esqueci de pedir informações sobre a empresa, mas criei um lembrete para pesquisar na internet.
- Anotei para fazer o follow-up das dez cartas que enviei na semana passada; essa será minha primeira tarefa amanhã de manhã.

Ao planejar seu dia, lembre-se do seguinte:

- Pode ser mais produtivo dar telefonemas em blocos, talvez entre 10h e 11h da manhã ou entre 14h e 15h da tarde.
- Tente fazer uma coisa de cada vez e concluí-la.
- Trate de reservar algum tempo para imprevistos.
- Não se esqueça de incluir intervalos para almoço e descanso.

Seu registro de atividades o ajudará a lembrar o que fez e quem contatou, e a concluir cada atividade.

Então, faça uma revisão ao fim de cada dia para ver como poderia ter aproveitado melhor seu tempo e recordar todos os passos positivos que deu. Pergunte-se:

- O que eu fiz hoje?
- Foi útil?
- O que atrapalhou?
- Que medida posso tomar amanhã que faça uma grande diferença para me ajudar a alcançar meu objetivo de conseguir um novo emprego?

Medição e monitoramento é importante; então, além de uma lista de tarefas diárias, sugiro que, *semanalmente,* você meça o seguinte:

- Quantos empregos aos quais me candidatei *se aproximam* do que eu quero?
- Quantas entrevistas tive?
- Quantos telefonemas dei?
- Quantas pesquisas relevantes realizei?
- Com quantas pessoas me conectei?
- Com quantas pessoas me reconectei?
- Com quantas pessoas me conectei no LinkedIn?
- Quantas empresas contatei diretamente?
- De quantas reuniões profissionais participei?

Talvez haja algumas atividades que você evita – quais são? Contatar empresas diretamente? Fazer pesquisas mais detalhadas? Anote e peça a outras pessoas que o ajudem a superar esse obstáculo.

Para a próxima semana, planeje concluir um certo número de tarefas, como "Darei vinte telefonemas para fazer networking", "Dedicarei duas horas por dia a procurar emprego" etc. Anote agora o que você se desafiará a fazer.

Se você se desafiar a ir um pouco além de sua zona de conforto, fará mais do que faria normalmente. Estipular uma meta de telefonar para vinte pessoas e telefonar para apenas quinze ainda é um sucesso caso, se não fosse por isso, você talvez tivesse feito apenas cinco. Não se diminua. Procure celebrar pequenas conquistas, com, por exemplo, uma ida ao cinema depois de vinte telefonemas.

Muitas vezes ouço de pessoas que se candidatam a mais de cem empregos por semana. A única forma de conseguir fazer isso é usar um CV genérico e enviá-lo com uma carta de apresentação padrão. O resultado é rejeição atrás de rejeição. Pare de se candidatar a qualquer coisa que remotamente poderia fazer e comece a focar em empregos a cujos requisitos você atende. Pare de perder tempo se candidatando a empregos que você não tem chance de conseguir.

Espere até estar pronto para uma entrevista antes de começar a enviar seu CV. Se você "se queimar" com uma empresa, pode ser mais difícil ser considerado para futuras vagas que venham a ser disponibilizadas.

Use abordagens diferentes

Há diferentes maneiras de conseguir um emprego: direta e indireta, e proativa e reativa. Veja o diagrama a seguir. Muitas pessoas focam nas opções à direita, quando têm mais probabilidade de conseguir um emprego usando as opções à esquerda.

	Abordagens diretas		
Proativas	Abordagens especulativas	Anúncios de vagas	Reativas
	Networking	Agências de recrutamento e seleção	
	Abordagens indiretas		

Não caia na armadilha de focar unicamente nas vagas anunciadas na imprensa ou on-line. Esta é a maneira menos eficaz de conseguir um emprego. A melhor forma de encontrar um emprego é usar as pessoas que você conhece – sua rede de contatos – e contatar diretamente as empresas para as quais quer trabalhar.

Abordagens eficazes de busca de emprego

Mais eficaz
↑ Networking
| Contato direto com empresas
| Entrevistas informativas
| Procura em sites de emprego
↓ Procura em vagas anunciadas nos jornais
Menos eficaz

Como você está se sentindo com relação à busca de emprego?

Judy está ansiosa e entusiasmada com relação a encontrar um novo emprego. Nilesh é menos otimista – as palavras que ele usou foram "assustador" e "deprimente". Ele disse que, para ser honesto, preferiria ir ao dentista do que começar a procurar emprego.

Judy tem muito mais probabilidade de ter uma experiência positiva. Ela sabe que o pior que pode acontecer ao enviar um CV é não ter um retorno, mas irá se concentrar mais em procurar emprego ativamente, pois sabe que estar focada em um objetivo específico a colocará à frente dos concorrentes. Judy é otimista e está pronta para contatar empresas e pessoas diretamente.

Seja *comprometido*. Agir com indiferença não o levará a lugar algum. Você precisa se comprometer com seu sucesso.

Esteja mentalmente preparado

(EXPERIMENTE AGORA!) Libere essas endorfinas. Levante-se e feche os olhos. Imagine alguma coisa que o faça feliz, como conseguir o emprego que quer. Então, imagine que você alcança seu objetivo e o desfruta. Faça isso todos os dias.

Precisamos ser realistas sobre quanto tempo pode demorar para conseguir o emprego. Em uma boa economia, pode levar cerca de três meses. Em época de recessão, pode levar o dobro, mas depende do tipo de tempo que você procura – há muito mais vagas para iniciantes e cargos inferiores do que para cargos superiores.

Se você está desempregado há muito tempo, pode estar se sentindo para baixo e se perguntando se algum dia conseguirá um emprego. O capítulo 16, Como manter a motivação, será útil, mas agora pode ser uma boa ideia tirar seu CV dos sites de emprego até terminar de ler este livro e começar a se entusiasmar outra vez.

Seu **locus de controle** pode afetar sua motivação. Algumas pessoas têm um locus de controle *interno*: elas consideram que têm o controle das decisões que tomam, em vez de ser influenciadas por outras. Essas pessoas sabem que o sucesso em uma carreira depende delas e das ações que adotam. Outras pessoas têm um locus de controle *externo*: sentem que as decisões e os resultados estão fora do seu controle – acham que "o que tiver de ser, será" e que, não importa o que façam, isso não afetará o resultado.

Se você tem um locus de controle externo, pode ser útil passar mais tempo com pessoas otimistas que acreditam que conseguirão o que querem – isso o ajudará a aprender a ter mais responsabilidade pelo que acontece.

ADAPTE SEU OBJETIVO

Seu objetivo deve ser realista. A função que você está qualificado a desempenhar pode não estar disponível, ou pode ser que você não consiga se manter na mesma carreira – não importa quão bom seja. Você talvez precise pensar no que mais pode e quer fazer, e redirecionar suas habilidades para outra coisa. Se você tem (ou tinha) um emprego que odiava, este pode ser o melhor momento para considerar alternativas. Verifique se há uma chance realista de você ser bem-sucedido no emprego que procura.

Você talvez pense que será mais fácil conseguir um emprego em um nível inferior ao do seu último emprego. Mas um empregador pode presumir que você pedirá demissão assim que receber uma oferta melhor. Se decidir procurar um emprego em um nível inferior, ao se candidatar deve deixar bem claro de que modo sua experiência beneficiará a empresa à qual está se candidatando e que você não pretende regressar ao nível anterior. A qualidade do emprego é mais importante para você.

ENTREVISTAS – VOCÊ PRECISA QUERER O EMPREGO!

Um dos meus clientes me enviou um e-mail com uma boa notícia: conseguiu uma entrevista para dali a uma semana. Ele não tem certeza de que quer o emprego, mas disse que concordou com a entrevista a fim de praticar. Foi encontrado por meio de um site onde havia cadastrado seu CV. Ele é gerente de compras e tem muita experiência, mas já não está disposto a se deslocar tanto e preferiria trabalhar numa empresa menor e mais local, num cargo mais focado em operações.

Portanto, esse emprego não atende aos seus requisitos. Fica no centro de Londres, ele terá três horas de deslocamento por dia e não sabe se quer trabalhar nessa empresa em particular, pois sabe que não tem afinidade com a cultura da mesma.

Perguntei por que ele compareceria à entrevista, e ele disse que era para praticar. Recomendei veementemente que ele não fizesse isso. Quando vamos a uma entrevista, devemos querer o emprego ao qual nos candidatamos, do contrário estamos fadados à rejeição.

Quando realmente queremos o emprego, fazemos muita pesquisa e preparação: pesquisamos atentamente os tópicos que podem ser abordados na entrevista, refletimos seriamente sobre como atendemos às especificações da vaga e preparamos uma lista de perguntas a fazer.

Quando não nos comprometemos, nosso preparo é desinteressado e, o que é mais importante, dificilmente passamos a imagem de alguém interessado nesse emprego em particular, e o resultado é a rejeição. Por que caminhar para o fracasso? Muito melhor usar esse tempo para procurar algo que queiramos fazer.

NÃO ESQUEÇA!!! A melhor estratégia é se candidatar apenas a empregos que realmente lhe interessam. Se entrarem em contato com você, pergunte-se se quer o emprego, ou se o aceitaria caso lhe oferecessem. Se a resposta for sim, prepare-se o melhor que puder; se não, recuse educadamente.

---

8. Crie sua mensagem – o *pitch*

Amigos e pessoas que você conhece lhe perguntarão o que você está procurando. Qual será a sua resposta? Se for vaga, você terá perdido uma chance de ter pessoas ao seu lado, ajudando-o a identificar contatos relevantes e possíveis oportunidades de emprego. Precisamos de uma mensagem concisa que deixe claro o que queremos – nosso *pitch* de trinta segundos.

Esse *pitch* às vezes é chamado de "propaganda pessoal" ou "conversa de elevador", já que dura mais ou menos o mesmo tempo que um comercial de rádio ou TV, ou que um trajeto de elevador (embora você possa receber olhares estranhos se simplesmente sair falando sobre isso da próxima vez que entrar em um!).

ESTUDO DE CASO

James diz: "Não importa qual, só quero um emprego", mas assim é difícil as pessoas conseguirem ajudar.

Christina, por outro lado, é clara sobre o que procura:

Meu nome é Christina Woodcock e tenho muita experiência como gerente de vendas. Adoro gerenciar pessoas, construir relacionamentos e resolver problemas, e adoraria encontrar um cargo que me possibilitasse desenvolver ainda mais essas habilidades.

Outros bons exemplos de discursos de trinta segundos são: "Trabalhei como executivo jurídico e agora quero mudar para relações públicas"; "Fui terapeuta ocupacional, mas agora estou procurando um emprego em que eu possa usar minhas habilidades de comunicação escrita, como um jornal, revista ou newsletter corporativa"; "Estou à procura de um emprego que envolva trabalhar com crianças, em lugares como berçário, creche, hospital ou escola primária".

Esses exemplos são específicos. Em vez de dizer algo como "Estou procurando alguma coisa na área de treinamento", é mais eficaz dizer algo como "Sou instrutor técnico e estou à procura de oportunidades para ensinar usuários finais a usarem software de aplicativos de negócio em um ambiente Windows". Dessa forma, você ajudará as pessoas a lhe ajudarem.

O formato de um *pitch* precisa seguir etapas claras, como:

- Quem sou eu e qual a minha especialidade?
- O que eu faço e como posso ajudar?
- Do que eu preciso?

Examinemos essas etapas em mais detalhes:

A etapa "Quem sou eu e qual a minha especialidade?"

O primeiro passo é dizer quem você é e o que faz, por exemplo: "Olá, meu nome é David Pearson e sou especialista em gestão de cadeia de suprimentos."

Idealmente, você deve se apresentar como especialista em uma área específica. Você pode dizer:

Sou _____ e minha especialidade é _____.
Meu nome é _____. Sou especialista em _____.
Sou _____. Tenho formação em _____.
Meu nome é _____. Sou _____ com habilitação profissional.

Isso deve soar confiante e otimista. Você não quer passar uma impressão negativa, então não diga coisas como "Sou Fred Jones e fui demitido" ou "Sou Christine Lewis, uma desempregada com diploma universitário".

A etapa "O que eu faço e como posso ajudar?"

O segundo passo é dizer **o que você faz** ou **como você pode ajudar.** Isso ajuda as pessoas a entenderem os detalhes do seu trabalho. O nome do cargo é muito distante. As pessoas sabem realmente o que significa? Talvez conheçam o nome do cargo, mas não o que envolve, nem tampouco seus talentos e realizações específicos; então, deixe isso claro. Por exemplo:

> Trabalho com equipes para garantir que as linhas de suprimento existentes funcionem sem percalços, de modo que os clientes continuem voltando. Quero usar minhas várias habilidades, como xxx e yyy, para contribuir para o sucesso da empresa.

Alguns outros exemplos incluem:

> **Crio** relacionamentos afetuosos com os clientes para que eles voltem e continuem comprando de mim.
> Sou **cuidadoso** com minhas entregas e garanto transações simples e agradáveis para os clientes.

A etapa "Do que eu preciso?"

A última parte é dizer do que você precisa. Se quiser que as pessoas o ajudem em sua busca por uma nova carreira, precisa ser específico. Dizer "Estou procurando um trabalho bem remunerado", ou "Preciso de segurança para o futuro", é amplo demais, ao passo que dizer "Eu trabalhava cuidando de crianças" não é específico sobre o que você *quer*.

Outros podem dizer "Pretendo conversar com pessoas que possam me ajudar a compreender melhor a função de autor técnico" ou "Eu gostaria de explorar a possibilidade de trabalhar como pesquisador de TV. Você conhece alguém com quem eu possa conversar?", ou "Estou procurando profissionais com quem conversar para discutir sobre como fazer a transição de marketing para finanças. Você poderia sugerir alguém com quem eu possa falar?".

EXPERIMENTE AGORA! Crie seu próprio *pitch* de trinta segundos e o anote.

Leia em voz alta. Flui? Soa adequado para você? Deve soar natural, portanto use uma linguagem menos formal. Diga em voz alta aos familiares e amigos e seja receptivo ao feedback. Faça as alterações que considerar necessárias e anote novamente.

ESTUDO DE CASO Roger David foi claro sobre o que queria e preparou o seguinte:

Meu nome é David e tenho quinze anos de experiência em gestão de cadeia de suprimentos. Trabalhei em gestão de *procurement* para duas empresas de grande porte, tendo passado um tempo na China e na Alemanha. No momento estou à procura de novos desafios em uma empresa que agregue valor às cadeias de suprimentos dos clientes e tenha produtos inovadores em um mercado em expansão. Você sabe com quem eu poderia falar para explorar oportunidades no XXXX Group?

Com isso, várias pessoas o ajudaram a entrar em contato com outras e, mais tarde, ele conseguiu uma entrevista.

Você pode usar seu *pitch* a qualquer momento quando estiver em contato com pessoas que acredita que poderiam ajudá-lo em sua busca de emprego. É suficientemente versátil para ser usado de diferentes maneiras, por exemplo:

- Em uma entrevista, para responder à pergunta "Fale sobre você".

- Em uma carta de apresentação, para destacar sua experiência e suas principais habilidades.
- Ao conversar com pessoas para que o ajudem a conseguir contatos para entrevistas informativas.
- Em qualquer situação na qual você tiver de se apresentar.
- Ao telefonar para empresas e explicar como você pode lhes ser útil.
- Como parte do seu resumo no LinkedIn.

Agora que você aprendeu a criar seu *pitch*, pode mantê-lo atualizado à medida que desenvolve novos papéis.

9. LinkedIn

Além de ter um CV, você também precisa estar no LinkedIn. Embora existam várias redes sociais que você pode usar (Facebook, Twitter, Pinterest...), o LinkedIn será o mais eficaz para ajudá-lo a conseguir emprego.

Com mais de 10 milhões de usuários no Reino Unido, e mais de 178 milhões de usuários no mundo inteiro, o LinkedIn é o lugar para ser encontrado, mas também um motor de busca gigante, e pode ser uma parte importante de sua pesquisa e networking.

Para usá-lo de maneira proveitosa, você precisa ter um perfil completo, com foto, recomendações e conexões. Muitas pessoas começam a completar seu perfil, deixam-no pela metade sem sequer uma foto e depois têm uma opinião negativa, dizendo que não funciona. Mas isso é como enviar um CV pela metade para uma oferta de emprego e depois se perguntar por que você não foi chamado para uma entrevista. Ou se matricular na academia e se perguntar por que não emagreceu – você precisa fazer sua parte!

Ter um perfil no LinkedIn significa que você pode ser encontrado pelos selecionadores, e também possibilita que você se conecte com outras pessoas que trabalham na área do seu interesse – você pode fazer perguntas, trocar informações e descobrir oportunidades.

Como os selecionadores usam o LinkedIn

O LinkedIn é uma maneira econômica de os selecionadores encontrarem pessoas. Eles incluirão seus critérios, como, por exemplo, contadores em um raio de 80 quilômetros de Northampton com experiência trabalhando para empresas de engenharia leve. Se você atender a esses critérios, aparecerá na lista deles. Sem uma foto, eles provavelmente passarão para o próximo candidato e seu perfil sequer será avaliado. Resolva isso, e eles farão uma análise rápida, prestando atenção a recomendações que você tenha. Os selecionadores também procuram habilidades específicas, por isso é importante listá-las em seu CV e pedir que as pessoas as endossem.

Como começar

A hora de começar é agora. É muito melhor se conectar e discutir com outras pessoas antes de precisar da ajuda delas. Crie uma conta no linkedin.com e inclua todos os detalhes relevantes: situação atual, empresa, cargo e código postal. Será solicitado que você insira sua conta de e-mail para começar a se conectar com as pessoas. Sugiro que você pule essa etapa, e espere até ter completado seu perfil – você não quer que as pessoas visitem seu perfil enquanto este praticamente não tem informações.

Inclua mais detalhes

Você tem 120 caracteres para criar uma *headline* (um slogan) profissional, portanto faça bom uso deles. Essa *headline* profissional será exibida cada vez que você aparecer no LinkedIn: aparece como atualização de status, quando você pergunta ou responde alguma coisa – por isso, deve se destacar.

Há muitas maneiras de escrever sua *headline*, e você pode modificá-la sempre que quiser. Você pode dizer algo conciso como "gerente contábil", mas isso atrairia a atenção de um selecionador? Pense na diferença se você escrevesse algo como "Economizo dinheiro para escritórios de serviços profissionais, revisando e aprimorando processos."

Como o LinkedIn está sendo cada vez mais usado como motor de busca, você talvez prefira usar uma lista de palavras-chave para aumentar suas chances de ser encontrado. Esta é uma nova técnica, promovida por coaches de carreira; o meu, por exemplo, usando 120 caracteres, é:

Coach de carreira vencedora de prêmios | Autora de "How to Get a Job in a Recession" | Coaching de carreira | Busca de emprego | Branding pessoal

Foto

Faça o upload de uma foto. Sem uma foto, diminuem significativamente as chances de as pessoas se conectarem com você. Avalie de maneira crítica as fotos que você tem e escolha uma foto profissional, 3x4, com a qual as pessoas tenham uma boa visão do seu rosto e especialmente dos seus olhos.

Resumo

Você tem até 2000 caracteres para seu resumo. O que você escrever deve ser claro, focado em seu objetivo, e deve levar cerca de trinta segundos para ser lido em voz alta. Escreva na primeira pessoa – deve soar como se você estivesse falando com o leitor. Você pode usar parágrafos e símbolos como ~~ ou ** para quebrar o texto.

O resumo é diferente do seu CV, mas a mensagem deve ser consistente. Inclua destaques do seu histórico profissional e também qualidades que possam interessar a um empregador. Você já tem palavras-chave em seu CV; use as mesmas palavras-chave em seu perfil no LinkedIn, para que você tenha mais probabilidade de aparecer em um filtro quando os empregadores estiverem procurando por pessoas com um determinado conjunto de habilidades.

O LinkedIn é diferente do CV. Não estamos restritos a um layout de duas páginas e podemos escrever sobre nosso histórico e aspirações profissionais de uma maneira mais direcionada ao mercado. O principal objetivo deve ser torná-lo atraente.

Histórico de carreira

Você pode incluir todos os empregos que teve, mas não precisa entrar em muitos detalhes. Novamente, inclua palavras-chave e evite acrônimos empresariais que não significam nada para outras pessoas.

Informações adicionais

Há seções opcionais para detalhar projetos em grupo, prêmios e distinções, participação em organizações, pontuação em exames e cursos. Liste suas habilidades e certificações, cursos que realizou e projetos; estes podem ser particularmente úteis para estudantes universitários e recém-formados. Você também pode incluir detalhes de seus interesses. O link para acrescentar seções está logo abaixo da seção principal.

Você também pode incluir links para três websites. Se teve um artigo publicado, pode acrescentar um link para ele. Não é preciso usar todos os três, mas este é o único lugar para incluir um hiperlink, então vale a pena usá-lo, se puder. A maioria das pessoas usa o padrão "meu blog" ou "meu website", mas você pode mudar isso para incluir o nome real do seu blog ou uma descrição mais precisa, como "Meu artigo sobre XXX publicado na *People Management*" ou "Website pessoal de Denise Taylor". Se você tem uma conta no Twitter, pode incluir um link para sua página.

Personalize sua URL

A URL padrão é uma combinação nada memorável de números e letras. É muito difícil para os outros memorizarem. Mas você pode conseguir usar seu próprio nome.

Embora meu nome seja muito comum, eu consegui obter o http://uk.linkedin.com/in/denisetaylor. Se não estivesse disponível, eu teria incluído a inicial do meu nome do meio ou, talvez, acrescentado MBA no final.

Configurações de privacidade

Verifique suas configurações de privacidade e certifique-se de que esteja confortável com elas. Você faz isso através da aba "Conta e configurações" no topo do seu perfil. Selecione "perfil público" para exibir as informações completas do perfil, pois assim estarão acessíveis para os motores de busca. Você pode escolher, por exemplo, não ter seus dados compartilhados com aplicativos de terceiros, e se deseja receber propagandas ou não.

COMO PROCURAR GRUPOS

Há mais de 500 mil grupos no LinkedIn. Procure aqueles relacionados com sua empresa, setor, escola ou interesses profissionais. Você pode participar de no máximo cinquenta grupos, e essa é uma excelente maneira de fazer contatos e construir relacionamentos. É difícil lidar com todas as atualizações para um grande número de grupos, mas você pode optar por não receber atualizações por e-mail ou receber apenas um resumo diário. Uma vantagem de entrar para alguns grupos é que isso aumenta o número de pessoas com quem você está conectado.

Os grupos incluem:

- Grupos específicos do setor
- Grupos profissionais e de negócios
- Grupos de ex-funcionários de uma empresa
- Grupos universitários
- Grupos relacionados com a carreira
- Grupos relativos ao cargo ou função
- Grupos de interesses pessoais

Há algumas diferenças no modo de funcionamento de cada grupo: alguns lhe concederão acesso automaticamente; em outros, sua solicitação será avaliada. Cada grupo inclui links para discussões, notícias, empregos e, às vezes, subgrupos.

Os grupos são um excelente lugar para perguntar, mas também para responder perguntas e comentar posts. Isso destacará seu perfil. Escolha, talvez, apenas dois grupos com os quais possa interagir pelo menos semanalmente – é melhor começar pequeno e aumentar aos poucos do que ficar sobrecarregado.

Salve e divulgue

Você pode salvar uma versão em pdf do seu perfil para que possa lê-la off-line. Eu recomendo que você a leia junto com seu CV; a mensagem é consistente? As datas correspondem? Quando estiver satisfeito, pode começar a divulgar seu perfil no LinkedIn por meio de um link em seu CV, assinatura de e-mail, cartão de visitas e catálogos de profissionais.

Prepare-se para se conectar

Você precisa ter o básico preparado antes de tentar se conectar com as pessoas – você quer ser visto como eficiente (espero!) e interessante; portanto, verifique o seguinte:

- Seu perfil é direcionado ao tipo de emprego que você está procurando?
- Você identificou e incluiu palavras-chave relevantes para esse emprego em seu *headline*/resumo/especialidades?
- Você incluiu sua localização?
- Você tem uma *headline* atraente? Não copie a de outra pessoa; é importante que seja pessoal.
- Você tem uma foto profissional que foque em seu rosto e ombros? As pessoas querem conseguir ver seus olhos!
- Você personalizou sua URL para que seja mais fácil passar seus dados para outras pessoas? Inclua a URL em seu CV e em sua assinatura de e-mail.
- Seu resumo é convincente e fácil de ler? Mostra suas principais realizações? Você iria querer entrar em contato com alguém como você?
- Você incluiu detalhes sobre sua experiência atual e anterior? Inclua pelo menos um breve resumo de cada emprego. Um selecionador pode querer conhecer alguém que trabalhou para uma empresa em particular, portanto procure nomeá-la.
- Você incluiu especialidades e suas principais habilidades? Você pode incluir até cinquenta habilidades.

- Você incluiu formação acadêmica, projetos, cursos etc.?
- Você tem recomendações? Comece recomendando outras pessoas, e então as pessoas talvez o recomendem.
- Você entrou para grupos relevantes? Participe de grupos que sejam pertinentes ao que você está procurando. Onde se reúnem as pessoas de destaque em sua profissão?

Opção de atualização de status

Isso lhe permite fornecer detalhes do que vem fazendo: por exemplo, um evento que está apresentando ou do qual está participando, uma conquista significativa no trabalho, um post em um blog ou um artigo que tenha publicado. Tente atualizar pelo menos duas vezes por semana.

Procure conexões

Agora você está pronto para se conectar com pessoas. Você pode buscar em sua conta de e-mail e se conectar com as pessoas que conhece. Por favor, não envie a mensagem padrão – escolha uma mensagem pessoal que demonstre alguma consideração.

Então, você pode procurar pessoas com quem trabalhou ou que conheceu na escola ou universidade; pode ser interessante ver o que eles estão fazendo agora. Você também pode examinar os cartões de visita que acumulou e se conectar com essas pessoas.

Depois de se conectar com as pessoas que já conhece, você pode procurar se conectar com "contatos de segundo grau", as pessoas que seus contatos conhecem.

Pesquise usando o LinkedIn

Se você quer se candidatar a um emprego em determinada empresa, mas não sabe quem contatar, precisa encontrar alguém que o ajude. Você pode usar o LinkedIn para encontrar pessoas que trabalham ou trabalharam em determinada empresa e lhes enviar uma mensagem. Não precisa ser alguém no departamento em que você quer trabalhar – muitas vezes, entrar em contato com alguém de outro departamento é igualmente útil. Por exemplo, se você é engenheiro elétrico, pode contatar um contador naquela empresa e lhe fazer perguntas. Pode dizer algo como:

> Estou muito interessado em trabalhar na empresa XYZ como engenheiro elétrico. Você poderia sugerir a pessoa certa com quem eu possa conversar sobre meu plano de carreira?

Ou

> Tendo trabalhado na empresa XYZ durante quatro anos, você saberia me dizer como posso fazer para me destacar em meio a tantos candidatos caso decida me inscrever para uma vaga?

Ou

> Tenho uma entrevista agendada para a próxima semana com a empresa XYZ – você poderia me contar como é trabalhar para a sua empresa e, em particular, me contar detalhes sobre a cultura da empresa?

Ao pesquisar empresas que lhe interessam, avalie o perfil dos indivíduos. Você talvez perceba que as pessoas no emprego a que aspira pertencem a uma associação profissional específica; se esse for o caso, entre para um grupo pertinente no LinkedIn. É uma excelente maneira de se conectar com as pessoas.

Procure pessoas que trabalham na empresa que lhe interessa e observe onde trabalharam anteriormente. Você também pode procurar pessoas que saíram dessa empresa e verificar para onde foram – é interessante avaliar sua trajetória profissional.

Você talvez não se sinta à vontade para contatar um funcionário da empresa, sendo alguém que você não conhece. Outra opção é contatar ex-funcionários; eles podem estar mais dispostos a falar abertamente sobre como é trabalhar lá.

Recomendações

As pessoas prestam atenção a recomendações, e você deve tentar conseguir isso de pessoas com quem trabalhou no passado. Você pode lhes dizer o tipo de emprego que está procurando e seus principais atributos, habilidades e realizações, para que elas possam escrever com isso em mente. As recomendações não têm de ser longas, e você talvez descubra que ex-chefes e ex-colegas estão dispostos a escrever uma.

Se já faz um tempo, você pode recordá-los de suas realizações e qualidades pessoais. Recomende outras pessoas – seja específico no que disser. Sua recomendação aparecerá no seu perfil e no perfil da pessoa.

Se você está sendo demitido, peça uma recomendação ao seu gerente antes de sair. Assim, as pessoas saberão que você era valorizado. Você também pode pedir recomendações de clientes, se estiver conectado com eles. Sendo gerente, você pode pedir uma recomendação de sua equipe, possivelmente focada em suas qualidades como líder.

NÃO ESQUEÇA!!!

Networking no LinkedIn

Sugeri anteriormente que você identifique alguns grupos para entrar, mas entrar não é suficiente; você precisa ser um participante ativo. Melhore seu perfil respondendo a perguntas, ou compartilhe informações postando links para artigos, dizendo por que outras pessoas deveriam lê-los.

Apresentações

Você talvez tenha muito interesse em contatar alguém que não é parte da sua rede. Se essa pessoa está conectada com alguém que você conhece, você pode pedir para ser apresentado. No entanto, só porque uma pessoa é contato de primeiro grau de outra, não significa que a conheça bem; portanto, caso se recuse a ajudar, provavelmente não é por alguma coisa que você tenha feito.

Ao pedir para ser apresentado, crie um e-mail breve que seu contato possa enviar à pessoa com quem você quer se conectar. Escreva como se fosse ele, para que as alterações que ele terá de fazer sejam mínimas. Destaque suas conquistas e inclua detalhes para fazer que a pessoa se sinta impelida a se conectar com você.

Você também pode usar o InMail. Se optou pelo serviço premium (pago), pode enviar mensagens para qualquer pessoa, independente de ser ou não uma conexão.

Inclua o LinkedIn em sua rotina semanal

Você não pode completar seu perfil e achar que isso é tudo! Pelo menos duas vezes por semana, atualize seu status, leia atualizações de suas conexões, leia e comente em discussões nos grupos dos quais participa, revise suas conexões, veja o que estão fazendo e como pode ajudá-las, identifique empregos aos quais se candidatar e use o LinkedIn para ajudá-lo em sua pesquisa.

E quanto a outras redes sociais?

Eu me concentrei no LinkedIn porque essa é a rede social mais importante a se usar. Você também pode considerar Twitter, Pinterest e Facebook.

10. Como se candidatar a uma vaga

Muitas pessoas acabam recebendo cartas de rejeição por causa de uma técnica inadequada. Elas veem um trabalho que acreditam que podem fazer e então enviam seu CV e uma breve apresentação sem se preocupar em adequá-los à vaga.

Ter alguma estrutura aumentará muitíssimo suas chances de sucesso. Explicarei exatamente o que você precisa fazer – você seguirá o mesmo processo que proponho aos meus clientes.

Passo 1: Encontre as vagas

Crie uma seleção dos sites que melhor atendem a suas necessidades particulares. Se você é gerente de finanças, é provável que prefira sites diferentes do que se fosse contador executivo ou escritor técnico.

Não perca tempo navegando por muitos sites; foque e identifique os sites adequados para você. Não se esqueça de sites sobre nichos específicos; confirme se estão incluídos em seu agregador de empregos, ou inclua-os em sua lista de tarefas e no LinkedIn – pode custar muito dinheiro anunciar em grandes sites; por isso, é muito mais vantajoso para as empresas escolher um meio de publicidade mais direcionado.

Ao se registrar nesses websites, pode ser que você receba detalhes de vagas diretamente em seu e-mail. Se for muito vago em seus requisitos, sua caixa de entrada será inundada de e-mails; portanto, concentre-se na área que lhe interessa.

Visite diferentes sites agregadores de empregos, como o Indeed, disponível em mais de cinquenta países e 26 idiomas, e o SimplyHired, disponível em dezessete países. O principal motivo para usar um agregador de empregos é que ele reúne os resultados de muitos sites de emprego diferentes, bem como classificados de jornais, páginas de carreira das empresas, agências de recrutamento e seleção e outros. Com isso, você economizará tempo. Mas você precisa estabelecer parâmetros claros, para não ser inundado com sugestões de emprego.

> **NÃO ESQUEÇA!!!** Nem todas as vagas anunciadas existem. Algumas agências saem à caça de CVs mesmo sem que haja um emprego específico; portanto, não crie expectativas.

Você precisa tomar cuidado com o roubo de identidade – antes de incluir seus detalhes, verifique se pode ocultar sua identidade e proteger suas informações de contato. Ao começar a usar sites on-line, mantenha um registro do nível de privacidade que escolheu para seu CV e/ou informações de contato. Além disso, imprima a **Política de privacidade** e os **Termos de uso** na data em que usou o site pela primeira vez, e monitore-os regularmente para saber se houve alguma alteração.

Verifique se pode editar seu CV para adequá-lo a diferentes empregos e se pode excluí-lo assim que conseguir um emprego. Você não vai querer que seu novo empregador pense que você está insatisfeito e à procura de outro emprego. Em alguns sites, é possível cadastrar mais de uma versão do CV, o que é útil quando há mais de um emprego que lhe interessa. Nesse caso, anote qual versão é cadastrada e onde.

Procurar em sites de emprego consome tempo e não é eficiente. Você não deve gastar mais de 20% do seu tempo disponível identificando empregos aos quais se candidatar; é importante passar muito mais tempo pesquisando e contatando pessoas.

Passo 2: Analise o anúncio de emprego

Candidatar-se adequadamente a um emprego leva tempo; portanto, foque mais em empregos a cujos requisitos você atende. Uma abordagem eficaz é:

- Analisar os anúncios de emprego e identificar aqueles a cujos requisitos você atende claramente.
- Imprimir e então destacar os principais aspectos do anúncio de emprego.
- Comparar suas habilidades e experiências com as requeridas. Confirmar se você atende aos requisitos.
- Ir além do anúncio de emprego e considerar o que mais pode melhorar sua candidatura. Você talvez tenha habilidades que não estão especificadas no anúncio, mas que podem interessar ao possível empregador.

Em um mercado em ebulição, você pode se candidatar a empregos mesmo não atendendo plenamente aos requisitos, mas, quando há muitos candidatos, os empregadores são mais criteriosos. Antes de mergulhar de cabeça em um processo seletivo cheio de minúcias, verifique se você é capaz de fornecer exemplos específicos de como atende aos requisitos da vaga.

A data de encerramento pode mudar, por isso não seja pego de surpresa. Um anúncio de emprego pode ser removido mais cedo se a empresa decidir que já há candidatos suficientes. Esteja pronto para se candidatar com parágrafos padrão, que você pode copiar e colar em um formulário e então adaptar para o emprego em questão.

Uma maneira simples de confirmar se você atende aos requisitos do emprego é criar duas colunas. Coloque os requisitos do anúncio na coluna da esquerda e seus exemplos na coluna da direita. Por exemplo, se o anúncio diz "tem iniciativa", refira-se a exemplos de situações em que você tomou a iniciativa. Pode ser algo como a tabela a seguir.

Você pode usar essa pesquisa para adaptar seu CV e escrever a carta de apresentação para um emprego em particular. Em uma carta real, você incluiria mais detalhes, mas essa análise indicará quais são os seus pontos fortes e onde você carece de expertise.

Necessidades do empregador	Minhas habilidades/ experiências
Mais de sete anos de experiência trabalhando em um ambiente focado no cliente	Aproximadamente cinco anos em uma prestigiosa empresa de soluções de escritório, três e meio dos quais em um **cargo gerencial**, sendo responsável pela recepção e pelas equipes de atendimento ao cliente
Experiência comprovada em treinamento e motivação de funcionários	Reduzi a rotatividade de pessoal e aumentei o número de promoções internas, construindo equipes capacitadas e focadas em resultados; criei e implementei um programa de desenvolvimento e treinamento de pessoal; mantive o moral da equipe elevado e um ambiente de trabalho colaborativo; orientei e aconselhei funcionários com desempenho aquém do esperado; premiei funcionários com desempenho excepcional

Experiência comprovada em RH para realizar ações disciplinares e avaliações de desempenho	Realizei avaliações de desempenho regulares e anuais; obtive feedback de várias fontes; criei e implementei planos de desempenho individuais e coletivos; realizei procedimentos disciplinares
Foco no cliente	Alcancei, em média, 95% de satisfação do cliente; aumentei a retenção de clientes para mais de 90%; fui reconhecido formalmente por oferecer excelente atendimento

Passo 3: Reúna informações relevantes

Alguns anúncios são muito concisos; por isso, seja proativo e telefone para a empresa para se informar melhor sobre a vaga. Não é 100% certo que você conseguirá falar com alguém, mas seja otimista e tente conversar com o selecionador. Tenha em mãos uma lista de suas realizações para o caso de ele fazer perguntas.

Se a pessoa em questão não estiver disponível para conversar com você, peça a descrição do cargo e a especificação da pessoa. Isso o ajudará a criar sua carta de apresentação e adaptar seu CV, ou a preencher um formulário. Então, você pode prosseguir comparando sua experiência e suas habilidades com os requisitos.

Os tipos de perguntas que você deve fazer incluem:

- Qual é, exatamente, o nome do cargo?
- A quem a pessoa presta contas?
- Que experiência específica vocês estão procurando?
- Quais são as tarefas mais importantes a serem feitas?
- Que fatores fariam com que um candidato fosse descartado?

- Esse é um cargo novo? Se não, o que aconteceu com o funcionário anterior?
- Que qualificações são essenciais?
- Há problemas específicos que vocês queiram que o novo funcionário resolva?

Infelizmente, você nem sempre conseguirá obter mais informações, então use a pesquisa que realizou ao considerar a quais vagas se candidatar.

Você já demonstrou que atende aos requisitos ao usar o método de listá-los em duas colunas; agora, pode focar em sua inscrição. Você precisará analisar e revisar seu CV ou preencher um formulário, e escrever uma carta de apresentação, ou usar a seção "informações adicionais" do formulário, para explicar sua adequação à vaga.

Passo 4: Revise seu CV

Você já tem um CV, mas precisa adaptá-lo para uma vaga em particular. Você destacou os principais requisitos do anúncio de emprego; agora analise seu CV para ver se pode melhorar as listas dos resultados alcançados de modo a focar mais nos requisitos da vaga. Se a descrição do cargo requer alguém com excelentes habilidades de organização, destaque em seu CV um emprego ou projeto em que você demonstrou essas habilidades. Se enfatiza a necessidade de habilidades de liderança, você deve incluir um exemplo de situação em que demonstrou tais habilidades.

Um anúncio pode requerer "cinco anos de experiência em vendas no setor de informática ou similar". Examine novamente os resultados que listou em seu CV e inclua o máximo possível dessas palavras-chave. Se você tem experiência prévia como gerente de vendas na área, pode expandi-la para dizer "seis anos de experiência como gerente de vendas no setor de computadores, laptops e impressoras". Releia seu CV com atenção e trate de ter o máximo de exemplos possível relacionados com essa vaga em particular.

Considere o tamanho da empresa e, mais uma vez, adapte seus exemplos. Se estiver se candidatando a uma vaga em uma empresa de grande porte, destaque sua experiência de trabalho em grandes empresas; para uma empresa de pequeno porte, mostre como você pode aplicar suas habilidades nesse nicho específico, como pode trabalhar em uma equipe pequena e o quanto está disposto a se envolver quando há pressão para cumprir prazos.

No geral, tente adequar sua candidatura à vaga anunciada e mostre que você realmente quer esse emprego. Use termos que correspondam às palavras-chave presentes no anúncio ou expressões que mostrem que você conhece algo sobre a empresa e seus produtos e serviços.

Quando você envia um formulário por um portal on-line, a pré-seleção é feita através de palavras-chave, mas, depois que passar dessa etapa, sua carta será analisada. Outras empresas ainda avaliam cada candidatura individualmente. Ajude o selecionador mostrando de que modo você atende aos requisitos. No próximo capítulo, veremos como criar uma carta de apresentação.

Formulários de emprego

A maioria das pessoas prefere enviar um CV e uma carta de apresentação/e-mail, mas muitas empresas, especialmente no setor público, preferem formulários. Os formulários tornam fácil e rápido para uma empresa comparar um grande número de candidatos, já que as informações são apresentadas de um modo padronizado.

Os formulários de emprego variam em tamanho e incluem informações fatuais sobre você, sua formação acadêmica, seu histórico profissional, sua saúde e seus interesses. Geralmente, incluem perguntas abertas sobre o porquê de você se candidatar ao emprego e a contribuição que você acredita que pode fazer.

Você talvez pense que é muito mais trabalhoso – e será, da primeira vez que preencher um formulário –, mas salve todos os detalhes em um documento Word, e assim poderá editar e usar novamente em futuras inscrições.

O ESSENCIAL

Leia as instruções com atenção antes de começar. Verifique se entendeu quais informações são necessárias e onde. Sempre tenha em mente os requisitos específicos do emprego para o qual está se candidatando. É por isso que a análise inicial é tão útil.

Alguns formulários de emprego são documentos de Word que você pode salvar off-line, preencher e enviar por e-mail, mas muitos são preenchidos on-line. Ainda assim, você pode digitar off-line para garantir que suas respostas estejam gramaticalmente corretas, sem erros de digitação, e então copiar e colar os detalhes mais tarde.

Em um formulário on-line, as caixas de texto onde você deve digitar podem ser fixas (e você pode ter um número estipulado de palavras ou caracteres para usar) ou se expandir para incluir uma quantidade ilimitada de informações. Se você puder usar, por exemplo, cem palavras em sua resposta, procure chegar o mais próximo possível desse limite.

Algumas perguntas demandam respostas breves e fatuais. Outras esperam uma resposta narrativa; nesse caso, escreva um rascunho e faça as modificações necessárias até ficar o melhor possível.

INFORMAÇÕES ADICIONAIS (OU DECLARAÇÃO PESSOAL)

Normalmente, há uma seção para você fornecer informações adicionais. Essa costuma ser a seção que os selecionadores leem com mais cuidado.

Trate de incluir informações sobre *por que* você quer o emprego e *o que* faz de você o candidato adequado. Onde puder, destaque suas qualidades, habilidades e realizações, e não apenas suas responsabilidades.

Use essas seções para apresentar as principais razões pelas quais você deve ser considerado para o emprego e corrobore-as com exemplos. Se possível, use termos presentes no anúncio ao redigir suas razões; prossiga com dois ou três aspectos essenciais, corroborando cada declaração geral com um exemplo. Isso pode tornar sua candidatura inteligente e persuasiva.

Seja otimista e só inclua pontos negativos se extremamente necessário. Por exemplo, você não pode mentir sobre o tempo em que esteve ausente por motivo de doença, mas não precisa mencionar aspectos ruins da sua carreira como crises de confiança, erros de julgamento consideráveis etc.

> **DICA ÚTIL**
> Imagine que lhe perguntam em uma entrevista "Por que devemos contratá-lo?". Sua resposta a essa pergunta poderia ser todas as coisas a serem salientadas na seção com a pergunta aberta.

Perguntas baseadas em competências

Alguns formulários pedirão que você forneça detalhes sobre sua experiência em algumas áreas específicas. Essas provavelmente são as competências pelas quais você será avaliado durante o processo de seleção, por isso você deve fornecer exemplos claros. Tais formulários podem parecer complicados, mas são uma forma estruturada de se vender durante o processo seletivo. Uma vez que tenha entendido a estrutura, você também pode usá-la para se preparar para a entrevista.

As competências incluídas terão sido identificadas pelo empregador por meio do processo de análise do emprego, e serão as principais habilidades ou qualidades pessoais necessárias para o desempenho da função. As perguntas geralmente incluem alguma instrução, por exemplo:

> Para cada cenário, descreva uma situação (de preferência, recente) de sua própria experiência que você considera o melhor exemplo do que fez e que demonstre a habilidade específica.

Outra empresa usa os tópicos a seguir:

Para cada cenário, você deve:
- descrever sucintamente a situação;
- descrever o que fez;
- dizer qual foi o resultado e dar sua estimativa da proporção de crédito que lhe corresponde por esses resultados;
- dizer o que ganhou com essa experiência.

Sua resposta pode se basear em suas experiências em qualquer tipo de contexto, por exemplo, emprego remunerado, educação, trabalho voluntário ou atividades de lazer. Vejamos alguns exemplos.

Descreva uma equipe eficaz da qual você é parte. Qual é a sua contribuição particular para a equipe? De que maneira a equipe é eficaz?

"Há dois anos, sou membro de um time de futebol local, o que não só é divertido como também me faz levantar da cadeira. Sou um membro importante do time, já que sou o artilheiro e um exímio batedor de pênaltis, com quinze gols na última temporada, e portanto fui parcialmente responsável por uma das temporadas mais bem-sucedidas do clube em toda a sua história. Além do bom desempenho em campo, o time também teve bom desempenho fora de campo, já que organizamos vários eventos para levantar fundos que beneficiaram tanto o clube quanto a comunidade. Por exemplo, este ano demos uma festa na qual fui responsável por administrar uma barraca de alimentos, o que melhorou minhas habilidades de organização e comunicação interpessoal.

Descreva uma situação em que você teve de persuadir alguém a fazer alguma coisa. Como lidou com isso? Você conseguiu?

"Durante o programa do Prêmio Duque de Edimburgo, liderei um grupo que melhorou o habitat e as instalações do Country Park em Marbury, Cheshire. Muitas vezes foi necessário motivar um integrante da equipe a começar um novo projeto ou a trabalhar em condições climáticas desfavoráveis, por exemplo. A experiência prévia como capitão de equipe de tiro esportivo e de tênis na escola me mostrou que o método mais eficaz de persuadir uma pessoa a fazer alguma coisa é confrontá-la e convencê-la de que minha proposta é sensata. Houve uma situação durante o programa do Prêmio Duque de Edimburgo em que um indivíduo não queria começar a construção de um caminho de pedestres, já que estava ficando tarde. Como a participação dele era essencial e sua negatividade poderia ter tido um efeito nocivo sobre o moral do grupo, eu me baseei em experiências anteriores e o persuadi a continuar trabalhando, e o grupo fez excelente progresso.

Os exemplos a seguir têm um estilo um pouco diferente, mas também requerem que você seja específico em sua resposta. Usar o acrônimo STAR pode ajudar.

STAR

Primeiro, descreva a **Situação**, então a **Tarefa** que você teve de fazer. Prossiga com a **Ação** que você adotou e o **Resultado** que alcançou.

Motivação
Você precisa ser intelectualmente curioso, interessado no trabalho, interessado em assuntos internacionais, encontrar satisfação na própria natureza do trabalho, agir com integridade e honestidade em todas as questões, ter iniciativa e ser comprometido

com desenvolver habilidades e competências. Dê um exemplo de situação em que você demonstrou tais qualidades.

"Enquanto ensinava inglês em Praga, eu participei regularmente de oficinas de ensino apresentadas por professores mais experientes. Essas oficinas foram muito interessantes, já que proporcionaram novas ideias e métodos para ensinar inglês e foram uma fonte valiosa de inspiração.

"Após participar de uma oficina sobre o uso de notícias como fonte de discussão, organizei um debate sobre o tema da imigração em um dos meus grupos avançados. Houve duas equipes; uma teve de argumentar contra a imigração e a outra, a favor. Eu fui o juiz/moderador da discussão.

"Esse exercício foi bom, já que ambas as equipes se envolveram muitíssimo na discussão, e fiquei satisfeito com a qualidade dos argumentos que apresentaram e do inglês que usaram."

Resiliência
Você precisará ser capaz de lidar com demandas conflitantes, estar preparado para assumir tanto as tarefas rotineiras quanto as desafiadoras, ser capaz de trabalhar sob pressão, lidar com estresse, trabalhar longas horas, lidar com críticas, ser robusto, paciente e capaz de lidar com frustrações.

"Durante o último ano da faculdade, tive de fazer uma dissertação de 5 mil palavras além dos requisitos normais do curso. O projeto adicional significou que precisei me empenhar ainda mais para coordenar meus horários e dar conta de tudo.

"No começo do ano, planejei um cronograma detalhado, incluindo todas as minhas palestras, prazos finais de projetos e outros compromissos. Também incluí tempo de pesquisa para a minha dissertação. Ao longo do ano, segui esse cronograma, adaptando-o quando necessário em resposta às mudanças nas circunstâncias. Depois do primeiro semestre, consultei meu orientador e consegui responder às críticas que ele fez a minha dissertação, as quais me forçaram a adaptar algumas das minhas ideias para incorporar novos materiais. Para cumprir o prazo, trabalhei duro reescrevendo meu projeto.

"No fim do ano, obtive uma nota alta pela minha dissertação e ainda tive tempo suficiente para terminar a revisão antes de começarem as provas."

PERGUNTAS ATÍPICAS

Algumas empresas fazem perguntas que são um pouco fora do comum. Por exemplo, candidate-se a um emprego na Innocent e você terá de responder ao seguinte:

Ninguém diria, mas eu sou capaz de...
Você precisa escrever uma habilidade peculiar para se destacar.

Conte-nos suas razões para querer trabalhar na Innocent e no cargo em questão.
Por que este é o emprego certo para você? Relacione as respostas aos detalhes do emprego.

Adoramos conhecer pessoas que deixam as coisas um pouco melhores do que as encontraram. Então, conte-nos sobre uma situação recente em que você tomou a iniciativa e fez algo acontecer.
Este é o lugar para fornecer uma resposta baseada em competências.

Estamos à procura de pessoas que enfrentam desafios de cabeça erguida e apresentam resultados apesar das dificuldades. De que conquista você mais se orgulha?
Pense em um exemplo específico e não se esqueça de incluir POR QUÊ.

Estamos especialmente interessados em saber o que o apaixona, o que o move. O que o entusiasma?

O que o entusiasma? Como você pode relacionar isso com o emprego ao qual está se candidatando?

As perguntas muitas vezes são incluídas para ver como você pensa e se está disposto a se desviar das respostas que a maioria dos candidatos dará. A melhor maneira de responder a perguntas como essas é tirar proveito da sua experiência, mas tornando-a relevante para a empresa. Ao se candidatar a um emprego, examine o website da empresa e descubra o máximo que puder sobre sua cultura e estilo, a fim de escolher exemplos que possivelmente se adaptem às normas da empresa.

Enviando um formulário

Lembre-se: se o formulário pede para não enviar um CV anexo, não envie. Siga todas as instruções ao pé da letra.

Verifique se suas respostas no formulário refletem as informações que constam em seu CV e em seu perfil no LinkedIn.

Depois de preencher o formulário, verifique-o com cuidado antes de apertar o botão "enviar".

Enviando CVs e formulários por e-mail

Ao enviar um CV ou formulário por e-mail, trate-o como uma carta, e não apenas um e-mail breve dizendo "Segue meu CV". Inclua detalhes como nome do cargo, número de referência, nome etc.

Ao anexar seu CV, não nomeie o arquivo como "CV" – como o selecionador o encontrará novamente? É muito melhor nomear, por exemplo, "CV_DTaylor" ou, ainda melhor, "DTaylor_Especialista_GestãoDeProjetos".

Além disso, revise o endereço de e-mail que você usa. Muitas pessoas enviam CVs do endereço de e-mail divertido/engraçado que usam para se comunicar com amigos, como pinacolada@yahoo.com ou cachaceira@gmail.com. Reserve esses e-mails para seus contatos pessoais, e para o trabalho use um e-mail mais formal, como dk.taylor@gmail.com.

Também evite *emoticons*; eles não criam uma impressão profissional e podem fazer com que sua mensagem seja considerada *spam*.

Como entrar em contato

Se você conhece alguém que trabalha para a empresa onde você quer trabalhar, a pessoa pode entregar seu CV em mãos ao responsável pela seleção, com uma recomendação pessoal. Seu CV receberá muito mais do que a leitura apressada de costume. (Isso dificilmente funciona em uma empresa do setor público, já que eles geralmente têm uma regra de "sem proselitismo".)

Como se candidatar via agências

Lembre-se: as agências de recrutamento e seleção trabalham para o empregador, que paga suas comissões. Você é uma mercadoria. Se elas puderem ganhar dinheiro com você, entrarão em contato. Algumas gostam de CVs curtos; outras preferem CVs mais detalhados, então preste atenção aos requisitos. Se pedirem para você formatar seu CV de determinada maneira, formate-o! Elas podem gostar de apresentar todos os candidatos no "estilo da casa".

Peça para ser informado quando seu CV for enviado para uma empresa, para manter um registro de quem tem seu CV.

11. Cartas de apresentação

A carta de apresentação é tão importante quanto o CV. Ela deve capturar e expressar sua capacidade e entusiasmo e fazer com que o leitor tenha interesse em ler seu CV. Você pode incluir a carta de apresentação no corpo do e-mail (o que facilita para o leitor) ou anexar ao seu CV uma carta em estilo similar (fonte, dados de contato), criando um "par".

É importante levar o tempo que for preciso para criar uma carta em que você demonstre claramente de que modo atende aos requisitos do emprego; isso aumentará suas chances de ser chamado para uma entrevista. Concentre-se no seu entusiasmo pelo emprego e no que você pode oferecer, em vez de no que espera obter dele.

Expanda sua pesquisa para criar sua carta. No capítulo 10, "Como se candidatar a uma vaga", sugeri que, como preparação, você use duas colunas para encontrar a correspondência entre sua experiência e os requisitos da empresa. Ao criar sua carta de apresentação, você pode usar a mesma abordagem ou transformar cada requisito em um tópico ou breve parágrafo.

Sua carta deve ser adaptada para cada emprego ao qual você se candidata, e deve enfatizar seus pontos positivos – escolaridade e experiência profissional, habilidades, conquistas e qualidades pessoais – com relação às necessidades do empregador. Relacione suas realizações com o anúncio de emprego. Não tem problema se você também as incluiu no CV.

Ao se preparar, você já terá pesquisado sobre a empresa; então, quando for explicar por que está interessado na empresa ou no cargo, evite declarações gerais como "estou impressionado com seus produtos e seu crescimento". Especifique claramente quais produtos, qual crescimento e por quê.

Não diga que você foi demitido ou que está entediado com seu cargo atual – você está em busca de novos desafios, e este emprego é o que procura!

Termine a carta especificando claramente qual será seu próximo passo. Se você planeja fazer o follow-up com um telefonema, diga isso. Se planeja esperar a resposta do empregador, diga isso.

Antes de enviar sua carta, preste atenção aos detalhes. Você não pode confiar em um corretor automático; muitas pessoas enviam cartas com, por exemplo, "careira" em vez de "carreira". Parágrafos compridos são difíceis de ler; divida o texto em vários parágrafos quando necessário.

Vejamos agora como estruturar sua carta de apresentação. Este modelo deve ajudá-lo a criar um acompanhamento efetivo para seu CV.

Lembre-se dos elementos seguintes ao preparar as seções relevantes da sua carta.

Nome da pessoa para quem você está escrevendo

Você deve tornar a carta pessoal e incluir o nome da pessoa, mesmo que não conste no anúncio de emprego. Mostre que tem iniciativa descobrindo o nome daquele para quem você deve escrever. Faça sua pesquisa no Google ou no LinkedIn, ou telefone para o recepcionista.

Parágrafo inicial

Você sempre deve iniciar sua carta de apresentação com uma frase de impacto focada em suas habilidades para esse emprego. Você também pode informar como ficou sabendo da vaga.

Torne-a cativante e pessoal. Você quer que a pessoa saiba que a carta está sendo enviada para ela e não para uma centena de outras empresas.

Parágrafo(s) intermediário(s)

Seu objetivo aqui é mostrar como você pode ser útil para essa empresa em particular – deixe claro por que você deve ser selecionado.

Descreva que vantagens você tem a oferecer a esse empregador, mostrando a relação entre suas habilidades e experiências e os requisitos da vaga. Você também pode descrever suas conquistas prévias e de que modo elas se relacionam com o cargo, e identificar três razões pelas quais deve ser chamado para uma entrevista. Deixar isso bem claro pode ajudar; liste os requisitos do emprego e, parágrafo por parágrafo, mostre como você pode atender a cada um deles.

Indique ao leitor que ele pode encontrar mais informações em seu CV anexo.

Você pode dividir esta seção em alguns parágrafos menores em vez de um único parágrafo grande e denso.

Parágrafo final

Encerre sua carta esclarecendo o que acontecerá a seguir. Reitere seu entusiasmo pelo emprego. Além disso, mostre alguma conexão com a pessoa que o lê, desejando-lhe sorte em sua busca pelo profissional adequado, por exemplo; é um pouco mais pessoal do que "Aguardo seu retorno"!

O processo de criar uma ótima carta de apresentação

Depois de encontrar uma vaga para a qual queira se inscrever, examine o anúncio e destaque todos os termos e palavras-chave. Se você obtiver informações adicionais, como especificações do cargo e habilidades requeridas, terá mais informações para analisar.

Você provavelmente já fez isso quando estava se preparando para se candidatar, e falamos a esse respeito no capítulo 10, "Como se candidatar a uma vaga". Agora, você revisará sua preparação para criar a carta de apresentação.

Selecione o que é essencial. Ocasionalmente, você pode identificar até vinte critérios ou mais, um número muito alto para abordar usando o método que vou apresentar a seguir; portanto, atenha-se ao que é essencial. Normalmente, são os que estão incluídos no anúncio de emprego.

Pode ser tentador querer abordar cada um dos critérios, mas imagine como você se sentiria diante de uma carta de apresentação de quatro páginas; você deve destacar o que é essencial, ou então o selecionador ou gerente de RH se sentirá sobrecarregado e sua carta irá para o lixo.

Para encerrar a carta, você pode usar "Atenciosamente," seguido de sua assinatura.

A seguir examinaremos duas cartas; ambas levaram os candidatos a serem chamados para uma entrevista.

---

5 de novembro de 2012

Nome
Cargo
Nome da empresa
Endereço

Prezado(a) (Descubra o nome)
Gerente de projetos, Brackley

Estou interessado em me candidatar ao cargo anunciado, PORQUE >>> INCLUA DETALHES SOBRE POR QUE ESTE EMPREGO E POR QUE ESTA EMPRESA. Acredito que meu conjunto de experiências e habilidades me possibilitará ter um excelente desempenho nessa função. Os aspectos específicos do meu histórico que se enquadram nos requisitos são:

Experiência profissional: Fui responsável por todos os aspectos da administração diária de um negócio, _trabalhando de maneira autônoma_ sem supervisão local. Isso abrangia desempenhar _todos os aspectos do atendimento ao cliente_, bem como _manter relacionamento_ com os agentes e com outras empresas, incluindo fornecedores. Minha função implicava assumir plena responsabilidade por prover atividades para vários grandes eventos corporativos, bem como trabalhar com fornecedores externos para adquirir equipamentos adequados e realizar manutenção.

Conhecimentos de informática e números: Desenvolvi e realizei pesquisas em um ambiente extremamente técnico, usando conhecimento estatístico para analisar grandes conjuntos de dados, e tenho experiência com uma variedade de pacotes de software e sistemas operacionais.

Habilidades de organização: Demonstradas em minha experiência administrando um negócio e também em outra função envolvendo o treinamento de clientes adultos, na qual dei aulas para até quinze pessoas, sozinho ou em uma pequena equipe. Isso demandou um nível elevado de organização e capacidade de realizar várias tarefas ao mesmo tempo para monitorar e assistir o progresso de pessoas com necessidades muito variadas. Demonstrei um alto nível de atenção aos detalhes ao avaliar os trabalhos nessa função.

Meu CV fornece mais detalhes; acredito que sejam do seu interesse e aguardo ansiosamente sua resposta.

Atenciosamente,

Prezada Samantha,

Envio em anexo os formulários preenchidos conforme solicitado. Também incluí detalhes de minhas habilidades e atributos para cada um dos requisitos.
Tenho ampla experiência em auditoria, que obtive ao trabalhar como membro de uma equipe de sete pessoas dedicada

a avaliar a excelência empresarial, visando a ganhar notoriedade em cada uma das nove áreas do modelo de excelência de negócios. Eu analisava as informações e produzia um relatório. Também realizei auditorias para medir a eficácia das unidades de entrega do Royal Mail com relação a três áreas principais – cliente, funcionário e operacional.

Analítico
Concluí um mestrado e um MBA; tenho experiência em gestão de projetos e produção de relatórios.

Inspirador
Sou visto como um líder de equipe eficaz, tanto na função de gerente de equipe direta como liderando uma rede de tutores ocasionais, todos gestores sênior, que, na época, eram superiores a mim na hierarquia organizacional.

Focado
Isso foi necessário para concluir meus estudos de MBA. Trabalho melhor quando há objetivos claros a serem alcançados. Sou tido como entusiasta e como alguém que "vê o copo meio cheio".

Fluente
Sou notado por evitar jargões técnicos e por minha habilidade de comunicar uma mensagem de um modo fácil de entender.

Visionário
Consigo pensar e atuar estrategicamente, graças aos meus estudos de MBA e minha experiência em cargos executivos.

Focado em pessoas
Sou reconhecido por minha empatia. Sou psicólogo habilitado e mostro sensibilidade ao trabalhar com outras pessoas, também levando em consideração os objetivos do negócio.

Acredito que meus detalhes sejam do seu interesse, e na quinta-feira entrarei em contato por telefone para conversarmos melhor.

Prezado Roger,

Estou muito interessado no cargo de gerente de manufatura (Ref.), conforme anunciado no xxxxxx xxxxxxxxxxxxxx, e em anexo está meu CV.

Eu me ocupei de listar os requisitos específicos da vaga e minhas habilidades aplicáveis a essas áreas. Espero que isso o ajude a usar seu tempo de maneira proveitosa.

Seus principais critérios	Minha experiência
Trabalhar com o diretor de manufatura	Tenho ampla experiência trabalhando com gerentes e diretores
Desenvolver e implementar estratégia de manufatura	Participei do planejamento da estratégia da empresa
Preparar orçamento e monitorar e controlar desempenho com base nele	Trabalhei com o diretor administrativo para elaborar orçamentos e os controlei mensalmente com base nas metas estipuladas

Um bom comunicador com habilidades consideráveis de gerenciamento de pessoal	Trabalhei com clientes e agentes para maximizar a produção e os lucros
Trabalho em equipe/cultura flexível	Foco em treinamento combinado com desenvolvimento de equipes
Nível superior completo	Sou formado em engenharia de produção mecânica e fiz vários cursos em desenvolvimento gerencial.
Cinco anos de experiência em um ambiente de produção moderno	Mais de cinco anos de experiência

Se desejar mais informações, não hesite em entrar em contato comigo.

Aguardo seu retorno.
Atenciosamente,

QUESTÕES DE SALÁRIO

Nunca mencione salário, a não ser que solicitado. Pode ser "alto demais" ou "baixo demais" e oferecer uma desculpa para eliminá-lo. Deixe a discussão para muito depois no processo de seleção. Quando houver uma solicitação específica para informar o salário, atual ou esperado, você pode usar algo como "a ser discutido na entrevista".

Tenha em mente, no entanto, que alguns selecionadores podem ver isso como de pouca ajuda e, consequentemente, estar menos inclinados a selecionar você. Portanto, você precisa tomar a decisão final por si mesmo.

Os salários podem se basear em muitas coisas diferentes, e hoje em dia algumas empresas lhe darão a opção de usar parte do seu salário para pagar um carro, plano de saúde etc. Portanto, se você está preocupado por seu salário atual ser mais baixo do que o que almeja, trate de somar bônus, carro, seguro de saúde, pensão, mensalidade de academia – reúna o valor monetário de tudo. Então, você pode dizer com confiança qual é sua remuneração total.

12. Mercado de trabalho oculto

No capítulo 10, "Como se candidatar a uma vaga", falamos sobre o uso de métodos tradicionais de conseguir emprego; agora é hora de, quem sabe, sair de sua zona de conforto e experimentar algo novo. É hora de você agir.

Você já sabe o que quer; portanto, pode contatar diretamente as empresas que o interessam. É claro, você não vai escrever para uma empresa, e sim para uma pessoa relevante que trabalhe nessa empresa, alguém que tenha o poder de lhe dar um emprego ou de ajudá-lo em sua busca.

> **DICA ÚTIL**: Não escreva para o gerente de RH a não ser que você queira trabalhar em RH – o RH está mais preocupado em eliminar candidatos.

Está pronto?

Esta não é a opção mais fácil, mas é bem possível que você ache empolgante; você está sendo ativo, e não apenas reagindo aos anúncios de vagas que vê. É importante focar e usar de psicologia. Você deve fazer conexões com outras pessoas para encorajá-las a ajudá-lo.

O que levaria *você* a querer ajudar alguém? Um e-mail padrão? Ou um contato de alguém que dedicou tempo para saber mais sobre quem você é e qual a melhor abordagem a ser adotada? Portanto, você não deve disparar cartas e mensagens indiscriminadamente, e sim se concentrar atentamente no que quer e contatar as pessoas certas.

Anúncio ou selecionador nomeado

RH assume

Gerente garante autorização

Especificação do emprego é redigida

A empresa precisa contratar

A empresa está ciente de um problema que necessita solução, mas não acredita que haja alguém dentro da empresa que possa ajudar

Sua carta deixará muito claro **o que você tem a oferecer** – habilidades, experiência, talentos – e **quem você é** (interesses, valores, estilo pessoal), além da área de trabalho específica. Não seja vago! Seduza-os para que queiram entrar em contato com você e saber mais.

Essa é uma carta publicitária que enfatiza realizações, não experiências, e tem uma ou duas páginas. Como preparação, você deve identificar os problemas e desafios que a empresa enfrenta e como você pode ajudar a aumentar as vendas ou a economizar dinheiro. Isso significa que você não deve centrar-se no que quer – suas metas e objetivos – e sim em como pode ajudá-los. Seu objetivo é obter uma entrevista presencial.

Não inclua seu CV e, se você está desempregado, não mencione isso.

Para optar por essa abordagem, você precisa estar preparado para a rejeição. A média é uma taxa de resposta de 4% – isso significa que você precisa enviar cem cartas para ter, em média, quatro respostas positivas; portanto, esteja pronto para cartas de rejeição ou para não receber resposta alguma.

Antes da recessão, esta era uma excelente maneira de conseguir um emprego, e ainda pode ser. No setor público pode se mostrar difícil, já que eles têm seus processos e o contato direto pode ser recebido com estranhamento; portanto, é mais adequada para pessoas à procura de um emprego no setor privado.

Você precisa estar totalmente preparado; estas são as etapas a seguir:

Passo 1: Pesquise on-line
Passo 2: Pesquise a pessoa
Passo 3: Prepare suas cartas
Passo 4: Envie suas cartas
Passo 5: Telefone
Passo 6: A reunião
Passo 7: O follow-up

Passo 1: Pesquise on-line

Você conhece suas qualidades e o tipo de emprego que quer. Agora, identifique o tipo de empresa que provavelmente necessita de alguém como você. Você também deve ser claro quanto à localização – faz pouco sentido contatar empresas com sede em Londres se você precisa morar em Bristol e o emprego não é flexível.

A pesquisa focará em assuntos atuais que você pode usar para direcionar sua abordagem e também em empresas relevantes. Você pode identificar empresas por meio de:

- Sugestões de amigos e colegas.
- Leituras de jornais e da imprensa de negócios e pesquisas on-line para ver quais empresas estão crescendo, quais estão ganhando licitações do governo etc. Você também pode ver quais empresas estão anunciando vagas, talvez não na sua área, mas se estão contratando funcionários em uma área pode haver outras oportunidades em breve.
- Participação em conferências e encontros profissionais, eventos de networking, aulas ou oficinas.

- Visitas a centros empresariais e tecnológicos para identificar possíveis empresas a contatar.
- Trabalhos voluntários ou participação em um comitê.
- Participação em uma comunidade on-line, especialmente via LinkedIn.
- Contatos com ex-alunos da sua universidade.
- Redação de artigos ou apresentação de palestras relevantes para sua carreira.
- Pesquisa de mercado on-line ou em sua biblioteca de negócios local.

Passo 2: Pesquise a pessoa

Uma vez que você tenha identificado uma empresa, precisa encontrar a pessoa certa a abordar. Esta tende a ser a pessoa que seria seu chefe. Não envie uma carta ou e-mail sem o nome da pessoa. Se você tem experiência como gerente de produção, contate o diretor de produção. Você pode obter essa informação consultando o website da empresa, pesquisando no LinkedIn ou telefonando e perguntando. Provavelmente vale a pena confirmar a informação por telefone, já que os websites podem estar desatualizados.

Use seus contatos, incluindo as pessoas com quem está conectado via LinkedIn, para ajudar. Pergunte às pessoas se elas conhecem alguém que trabalhe na empresa que você vai contatar. Então, pergunte se poderiam apresentá-lo.

Depois de identificar uma empresa, use o networking para descobrir o nome dos chefes de departamento ou responsáveis pela área em questão. Converse com pessoas que você conhece e verifique se elas podem apresentá-lo.

Passo 3: Prepare suas cartas

Se você está procurando uma vaga como gerente contábil, haverá muitas similaridades entre as cartas que enviará para diferentes empresas, mas você ainda quer um certo grau de personalização, e sua carta será diferente se você se candidatar a um escritório de arquitetura ou a uma empresa de engenharia leve. Você deve direcionar sua carta à empresa em particular.

O objetivo da carta não é conseguir um emprego, e sim conseguir uma reunião com alguém responsável por tomar decisões. Sua carta deve ser cativante e incisiva. Demonstre que você entende as necessidades da empresa. Pense nos problemas que têm de ser enfrentados pelo diretor de produção (ou quem quer que seja) para quem você está escrevendo. De que modo sua combinação de experiência, capacitação e aptidões o ajuda a lidar com esses problemas? De que modo você pode tornar a vida deles mais fácil ou mais rentável?

Essa abordagem requer tempo, mas você terá um índice muito mais alto de sucesso se personalizar sua carta em vez de enviar um e-mail padrão.

A seguir há um exemplo de abordagem mal feita. Não é focada no que a pessoa pode oferecer e é claramente uma carta enviada a muitas pessoas, fadando o remetente à rejeição.

Prezado(a) senhor(a),

Estou escrevendo para me candidatar ao cargo de **gerente de desenvolvimento de negócios.** Tenho um total de nove anos de experiência de trabalho em período integral na área. Segue em anexo meu CV detalhado para sua avaliação. Eu agradeceria a oportunidade de conversar com um integrante de sua equipe de seleção no momento oportuno.
Posso ser contatado a qualquer momento por e-mail no XXXXXX@hotmail.com ou por telefone 07801 5xxxxxx
Agradeço sua consideração.

Atenciosamente,

Para ter sucesso com essa abordagem, uma carta tem de chamar a atenção, gerar interesse e desejo, e provocar ação. Deve ser focada em um emprego em particular, e não genérica, dizendo algo como "Estou escrevendo para o caso de você precisar de alguém com minhas qualificações e experiência".

A seguir, há quatro princípios fundamentais que você deve tentar adotar ao redigir suas cartas:

1. Vise atrair o interesse do leitor, fazendo com que ele queira ler o resto da carta. Por exemplo, "Como gerente adjunto de marketing em uma empresa líder de bens de consumo, ajudei a aumentar as vendas em 13% por meio de uma nova política de marketing."

Você quer mostrar rapidamente de que modo pode beneficiar a empresa, por isso não comece com a palavra "Eu".

2. Faça uma conexão entre o que você pode oferecer (neste primeiro parágrafo) e as necessidades da empresa, por exemplo:

> Sua empresa talvez precise de um consultor de vendas. Se este for o caso, você talvez esteja interessado em conhecer os resultados que alcancei em vendas.

Ou:

> Se sua empresa precisa de um gerente de marketing com minha formação e experiência, você pode estar interessado em algumas das coisas que realizei.

Ou:

> Vocês precisam de um gerente de marketing? Você talvez esteja interessado em algumas das minhas realizações...

3. Inclua detalhes de realizações relevantes. Inclua os exemplos mais relevantes do seu CV que destaquem suas principais realizações pertinentes ao emprego que você procura. Mencione também sua formação acadêmica, suas qualificações etc. – isso dará credibilidade ao que você está dizendo. Não inclua nada que não seja extremamente relevante para o emprego que procura. Se possível, inclua dados numéricos para enfatizar suas realizações, exatamente como fez no seu CV.

4. Finalize com a ação requerida. Ser proativo significa estar no controle, então finalize sua carta dizendo o que você fará depois – telefonará em alguns dias. Não diga que aguarda um retorno, ou aguardará para sempre. Muito melhor escrever algo como "Se você tiver interesse em discutir minha experiência em mais detalhes, estou à disposição para uma entrevista pessoal. Entrarei em contato por telefone na próxima semana".

Além disso, não é uma boa ideia escrever algo como "Eu adoraria uma oportunidade de discutir sobre alguma vaga existente na sua empresa". Isso enfraquece sua posição. Você está se vendendo na sua especialidade.

Eu não incluí respostas modelo com lacunas para preencher, já que você está escrevendo um documento influente que deve refletir sua própria experiência e personalidade, mas, o que é mais importante, explicar por que você está entrando em contato com a empresa e como pode ajudá-los. Deve soar natural e ser fácil de ler.

Depois de concluída a carta, leia em voz alta. As frases saem facilmente ou há frases tão compridas que você fica sem fôlego? Leia em voz alta para um amigo ou colega e verifique se ele entende o que você está tentando dizer.

Estudos da Associação Britânica de Marketing Direto (DMA) mostram que um P.S. chamativo pode aumentar o índice de resposta. O que você poderia acrescentar? Talvez algo como "P.S. Eu moro perto da empresa e posso telefonar e encontrá-lo em instantes".

Não se esqueça de adicionar um lembrete em seu diário/calendário para fazer o follow-up com um telefonema.

Use sua pesquisa para criar uma *mailing list* de trezentas a mil pessoas. Você deve almejar enviar em torno de vinte cartas por semana, e continuar enviando mesmo que passe para a fase de uma segunda entrevista. Um emprego pode dar em nada na última etapa, e por isso você precisa garantir que não terá de começar do zero outra vez.

NÃO ESQUEÇA!!! A abordagem direta é a maneira mais positiva, mais eficaz, mais rápida e mais razoável de receber uma oferta de emprego.

Passo 4: Envie suas cartas

Em geral, você deve enviar uma carta para uma empresa em particular, mostrando que pesquisou e que compreende suas necessidades específicas, mas às vezes pode enviar a mesma carta para mais de uma empresa se, como nos exemplos a seguir, você almeja um emprego específico em mais de uma empresa.

Louise queria ganhar experiência em contabilidade; pesquisando, ela identificou as principais habilidades requeridas de um contador e estruturou sua carta em torno dessas competências estratégicas. Ela enviou 104 cartas, que resultaram em cinco reuniões e uma oferta de emprego. A carta que ela usou é reproduzida a seguir. É um pouco longa, mas é uma carta real que funcionou!

Prezado(a)

Estagiária em contabilidade/auditoria

A análise recente do rumo futuro da minha carreira, incluindo testes e discussões com um terapeuta ocupacional, indicou que um estágio em contabilidade é o próximo passo para mim. As razões pelas quais acredito que terei sucesso são:

Compreensão do negócio – Adquirida por meio de um diploma em administração e experiência em várias empresas como a XYZ Company. Trabalhei durante períodos de mudança organizacional e, portanto, vivenciei em primeira mão os desafios organizacionais.

Motivação – Demonstrei motivação ao conseguir fazer faculdade enquanto trabalhava em período integral. Também estipulo metas e foco nelas, e mantenho a motivação apesar dos desafios, como quando meu pai, idoso, ficou gravemente enfermo enquanto eu estudava para meus exames. Fui aprovada com louvor.

Habilidades de comunicação – Estou acostumada a produzir relatórios e analisar dados e ter de explicar assuntos complexos a não especialistas em uma linguagem fácil de entender. Minha qualificação como orientadora psicológica é prova de minhas habilidades, e sou reconhecida por minha capacidade de ouvir as pessoas.

Habilidades numéricas – Gosto de usar dados numéricos e me sinto confortável interpretando números.

Habilidades de trabalho em equipe – Estou acostumada a trabalhar bem em equipe, e contribuí para equipes eficazes nas quais cada um tem suas próprias áreas de responsabilidade e conhecimento.

Habilidades analíticas – Resolver problemas é um dos meus pontos fortes, e encaro de uma forma lógica as questões a serem analisadas.

> **Habilidades em informática** – Proficiente no pacote Microsoft Office e muito confortável com a internet e o uso de e-mail e software desenvolvido internamente.
>
> Em cada empresa na qual trabalhei fui elogiada por meu alto nível de atenção aos detalhes e habilidades de relacionamento com os clientes.
>
> Considero que não sou uma recém-graduada típica, mas acredito ser uma candidata digna de crédito por minha formação e experiência em administração, e pela reflexão que fiz sobre o futuro rumo da minha carreira.
>
> Tive contato com um ambiente financeiro, por um período total de aproximadamente nove meses: uma colocação no departamento de Controle de Crédito da XYZ e um trabalho temporário na Ambassador Financial Assurance.
>
> Acredito ser do seu interesse saber mais detalhes a meu respeito e entrarei em contato por telefone daqui a alguns dias para combinar um horário para nos encontrarmos.
>
> Atenciosamente,
> Louise Lawson (anexo: Curriculum Vitae)

E este é um segundo exemplo que resultou na contratação de uma consultoria por um período de seis meses:

> Prezado(a) _____,
>
> Você precisa de orientação especializada para apoiar sua estratégia de marketing educacional? Posso manter e melhorar seu perfil usando os seguintes atributos e habilidades:
>
> - Excelentes habilidades de comunicação
> - Pensamento estratégico
> - Inovação criativa

- Automotivação
- Capacidade de trabalhar sob pressão e de cumprir prazos

Compreendo as principais questões associadas com educação complementar e tenho mais de seis anos de experiência gerencial em marketing. Antes disso, fui gerente de vendas no setor de TI.

A gama de habilidades que posso oferecer inclui:

- Revisão de materiais de publicidade, folhetos, catálogos etc.
- Incentivos promocionais
- Relações públicas
- Pesquisa de mercado
- Desenvolvimento de novos produtos

Tendo me dedicado a analisar meu futuro plano de carreira com um orientador vocacional, desejo combinar minha experiência em marketing com minha paixão por educação continuada. Entendo que os desafios são como se comunicar de maneira eficaz com um público amplo (de dezesseis anos a sessenta anos ou mais) e encorajá-lo a realizar estudos formais em meio período ou período integral.

Eu adoraria uma oportunidade de discutir isso com você, e entrarei em contato por telefone na quinta-feira à tarde para marcarmos um horário.

Atenciosamente,
Simon Harvey

Passo 5: Telefone

Seja proativo e entre em contato por telefone. Sugiro que você telefone dois dias depois de a carta ter sido recebida; portanto, se a carta tiver sido recebida em uma terça-feira, ligue na quinta-feira.

O telefonema provavelmente será atendido pelo assistente do destinatário, então trate de criar empatia para que a pessoa queira ajudá-lo. Ela pode tentar dispensá-lo, sem saber da sua carta, sugerir que você contate o RH – ou pode ter sido preparada pelo chefe e estar esperando sua ligação. Esperemos que este seja o caso – e, se sua carta for convincente, é bem possível que seja!

NÃO ESQUEÇA!!! Muitas pessoas querem evitar essa etapa, mas você precisa telefonar!

A pessoa com quem você falar pode ser habilidosa na arte de avaliar telefonemas, por isso, se ela lhe perguntar o propósito do seu contato, diga que você escreveu para xxx e disse que entraria em contato por telefone. Se o indivíduo em questão estiver indisponível, descubra quando seria um bom momento para telefonar novamente.

Uma abordagem típica poderia ser:

> Escrevi para o sr. _____ no dia_____, propondo uma reunião. Ele deve ter recebido a carta ontem. Estou telefonando para combinarmos um horário.

Meus clientes muitas vezes têm sucesso; eles recebem respostas positivas por uma série de razões, incluindo:

- A vaga ainda não foi anunciada ou passada para um consultor de seleção para ser preenchida.

- Uma vaga foi anunciada, mas sua carta interessou à empresa e você conseguiu pular a primeira parte do processo de seleção.
- Suas habilidades interessam à empresa porque eles estão considerando novos projetos que as requerem – ou sua carta levou a empresa a considerar novos projetos que requeiram suas habilidades em particular.
- A vaga teria sido preenchida por um candidato interno se você não tivesse escrito à empresa naquele momento.

Passo 6: A reunião

Você conseguiu uma reunião – não desperdice essa oportunidade. Trate de se planejar bem. Pense do ponto de vista da empresa: você aguçou a curiosidade deles e pode haver a possibilidade de uma vaga, mas é provável que eles banquem os difíceis e comecem dizendo que não há nenhuma vaga disponível. Tenha perguntas preparadas, mas também esteja pronto para responder às perguntas que eles fizerem.

Passo 7: O follow-up

Envie uma nota de agradecimento. O verdadeiro propósito disso não é agradecer pelo tempo dedicado a você, mas abordar as questões que vocês discutiram na reunião. Você foi até lá para se vender, fez perguntas, agora faça o follow-up demonstrando consideração sobre o que foi discutido. Você não tem como preparar isso de antemão; tem de focar no que foi discutido.

Envie as cartas novamente

Você não conseguirá falar com todo mundo a quem escreveu; envie uma segunda carta por volta de três semanas depois. Se a pessoa não estava convencida do propósito da primeira carta, a segunda enfatizará sua seriedade. Além disso, as circunstâncias podem ter mudado e pode ser que agora eles precisem de você. Dessa vez, sua carta pode começar de uma forma diferente; pense no que pode dizer para encorajar o leitor a prosseguir com sua carta.

13. Preparação para a entrevista

Seu CV pode fazer com que você seja pré-selecionado, mas você precisa ter um bom desempenho na entrevista para conseguir o emprego. Pode ser que sua última entrevista tenha sido há alguns anos, por isso vale a pena começar a se preparar agora. Você pode ser chamado para uma entrevista a qualquer momento. No mínimo, você deve ser capaz de responder instantaneamente às perguntas seguintes.

1. Fale sobre você

Provavelmente, esta ou "fale sobre sua carreira" é a primeira pergunta a ser feita. O entrevistador não quer que você discorra por vinte minutos detalhando tudo que fez, e sim que destaque as informações mais importantes em cerca de um minuto.

- Comece com uma frase introdutória para que o ouvinte se acostume ao seu tom de voz: "Como você sabe..." ou "Obrigado por me dar a oportunidade de uma entrevista..."
- Em seguida, forneça um breve resumo de si mesmo e de suas conquistas. Isso pode variar dependendo do emprego ao qual você está se candidatando.
- Prossiga com uma breve cronologia de seus empregos anteriores, concentrando-se em realizações e em habilidades adquiridas. Você deve dedicar mais tempo a sua carreira mais recente e suas principais conquistas e menos tempo ao passado. Foque no que é mais relevante para os aspectos essenciais do emprego ao qual você está se candidatando.
- Encerre com uma frase de impacto enfatizando suas habilidades, e uma pergunta do tipo "Você quer saber mais detalhes sobre alguma parte do que mencionei?" ou "O que mais você gostaria de saber?"

2. Por que você quer trabalhar conosco?

Um empregador quer que você mostre entusiasmo e convicção por esse emprego em particular. Você precisa explicar por que é a pessoa adequada para a função. Enfatize como você pode contribuir, em vez de focar em como o emprego o beneficiará. Sua resposta deve se basear no que você aprendeu sobre a empresa, então mostre que fez sua pesquisa. Explique o que descobriu e o por que isso lhe interessa.

O comportamento passado é um bom indicador de desempenho futuro, e você será indagado sobre o que fez, mas eles também vão querer ter certeza de que você considerou de que modo atende aos requisitos do emprego.

EXPERIMENTE AGORA!

Sem a pressão de uma entrevista, considere o que você responderia às seguintes perguntas:

- Por que você está pensando em sair da empresa XYZ?
- Como você conseguiu o cargo na empresa XYZ?
- O que você faz desde que saiu da empresa XYZ?
- O que você gostava de fazer na empresa XYZ?
- Quais você considera suas maiores qualidades como empregado?
- Quais foram suas maiores realizações?
- Quais são as qualidades necessárias em um bom gerente/engenheiro/contador?
- Qual seria a área em que você se sentiria menos confiante se nós lhe oferecêssemos um emprego?
- O que seus colegas responderiam se lhes perguntássemos sobre seus defeitos?
- O que você acredita que ganhou durante o tempo em que trabalhou na empresa XYZ?
- Como o seu último chefe o descreveria?

- O que você se imagina fazendo na ABC daqui a cinco/dez/quinze anos?
- O que o levou a se tornar contador/engenheiro/químico?
- O que você fazia durante as férias da escola/ faculdade/universidade?
- Fale sobre seus interesses de lazer.
- Por que você quer este emprego?
- Por que deveríamos contratá-lo para este emprego?
- Você está considerando outros empregos no momento?
- Qual seria a sua reação se lhe oferecêssemos o emprego, mas um salário de xxxx (menos do que você esperava)?

Também pode ser que eles façam algumas perguntas do tipo "Como você faria..."? Por exemplo, se você está se candidatando a um emprego como diretor de marketing, eles vão querer conhecer suas ideias estratégicas, por isso você deve pesquisar antes. Uma boa técnica a ser usada ao se deparar com esse tipo de pergunta é imaginar que você está trabalhando como consultor e explicar ao entrevistador a abordagem que você adotaria. Nessa circunstância, você faria algumas perguntas e, na entrevista, se precisar de alguma informação para ajudá-lo a refletir, não hesite em perguntar ou, em sua resposta, diga algo como "é claro que precisaria fazer algumas perguntas para conseguir adequar minhas sugestões".

Você verá que alguns entrevistadores ainda fazem perguntas gerais; você precisa encará-las como se ele tivesse feito uma pergunta específica. Por exemplo:

Quanto você sabe sobre...
"Estou familiarizado; recentemente..."

Ou *O que você faria se...*
"Eu me deparei com uma situação similar no ano passado. O que aconteceu foi..."

> **DICA ÚTIL:** Procure pensar em exemplos para muitas das possíveis perguntas que o entrevistador pode fazer.

Perguntas baseadas em competências

Os entrevistadores podem optar por uma entrevista baseada em competências. Nós vimos como responder perguntas desse tipo em formulários de emprego (ver capítulo 10); adote o mesmo método na entrevista. Como psicóloga, eu aprendi essas técnicas há anos – elas se baseiam na premissa de que a experiência passada é um bom indicador de desempenho futuro.

Você precisa ter uma estratégia para responder a esse tipo de pergunta. Não dê respostas vagas. Use uma estrutura para dar respostas mais claras e focadas, como o método STAR (descrito no capítulo 10, "Como se candidatar a uma vaga"). A seguir há um exemplo de resposta que usa esse método para responder à pergunta de um empregador.

Descreva a **Situação** em que você se encontrava: "Eu não lidei muito bem com a transição para a universidade e fui reprovado no primeiro ano". Isso tem de determinar o contexto e fazer com que o entrevistador se interesse pelo que você tem a dizer.

Que **Tarefa** lhe foi solicitada: "Eu sabia que, se quisesse ir bem, precisava criar bons hábitos de estudo e gerenciar melhor meu tempo".

As **Ações** que você adotou e por quê: "Criei um calendário e marquei as datas finais para todos os meus trabalhos e provas. Então, reservei algumas horas por dia para estudar, considerando mais horas em épocas de prova".

Os **Resultados** das suas ações. "Entreguei meus trabalhos no prazo e tomei nota regularmente para facilitar as coisas para as provas. Como eu estava separando os momentos de estudos

dos momentos de socialização, eu estudava com afinco e depois descansava, o que me ajudou a gerenciar meu tempo".

Preparação para a entrevista

Comece praticando. Você pode usar um coach ou pode ensaiar com um amigo que lhe faça as perguntas. Em vez de simplesmente se sentar lá e responder às perguntas, tente vivenciar a entrevista como um todo: use as roupas que você usaria na entrevista, bata à porta e espere ser convidado a se sentar.

Diga ao seu amigo que você quer receber feedback sobre o que fez bem e o que pode melhorar. Peça que ele comente sobre seu tom de voz e sua linguagem corporal; não é só o que você diz, mas como o diz. Você também pode praticar diante de um espelho, para observar seu sorriso e outras expressões faciais.

Você pode explorar essas perguntas sozinho, mas sempre diga suas respostas em voz alta – não confie no que ouve em sua cabeça (sempre soa melhor em nossa cabeça!). Se gravar suas respostas, você poderá avaliar como soam e perceber vícios de linguagem etc.

Pode ser útil considerar suas respostas da perspectiva da pessoa que o entrevistará. Pense em que informações ela provavelmente quer ouvir. Pense também nas primeiras impressões – você será julgado desde o primeiro instante, então faça com que esses julgamentos sejam o mais positivos possível.

Como entrevistadora, espero que meus candidatos estejam bem preparados. Eles estarão prontos com exemplos para a maioria das perguntas que eu fizer e me farão perguntas inteligentes que demonstrem que pensaram no cargo e em como desempenhar eficazmente a função se conseguirem o emprego.

Prepare-se

Releia seu CV e sua carta de apresentação ou formulário, além do anúncio de emprego e toda e qualquer informação complementar, e esteja 100% certo de que você é capaz de corroborar cada afirmação com uma resposta específica e detalhada.

Pense em áreas nas quais você sabe que é mais fraco. O que você pode dizer para compensar quaisquer deficiências percebidas? Além disso, você pode ter algo adicional a oferecer – experiência de uma situação em particular, como, por exemplo, lidar com exportações para a China, tendo lido que eles fecharam seu primeiro pedido nesse mercado emergente. Isso pode ser benéfico para sua função, por isso esteja pronto para deixar que eles saibam.

Acompanhando as notícias sobre a empresa, você pode estar preparado com informações adicionais que auxiliem sua candidatura. A maioria das pessoas não faz isso. Sua preparação deve ir além do que os outros candidatos farão. É claro que você terá examinado o website da empresa, mas procure ter uma visão geral dos avanços do setor e da concorrência, e saiba o que está acontecendo agora pesquisando notícias na imprensa de negócios e comentários em sites públicos.

Você terá vantagem competitiva se puder demonstrar seu conhecimento do setor, e não apenas do cargo ao qual está se candidatando.

Preparação mental

Assim como um esportista, você precisa se preparar mentalmente. Imagine cada elemento da entrevista e possíveis problemas que você pode ser solicitado a abordar, e prepare uma resposta. Esta deve incluir o elemento emocional. Com isso, será muito mais fácil ser eficaz no dia da entrevista.

A PERSONALIDADE DO ENTREVISTADOR

Eu faço muitas entrevistas e percebo que o estilo do entrevistador pode variar muitíssimo. Usando teoria elementar de personalidade:

Os **extrovertidos** gostam de entrevistar, mas podem falar demais e não estar bem preparados. Você precisa ser claro sobre o que quer dizer e, enquanto o entrevistador toma fôlego, estar pronto para falar um pouco mais e dar algum exemplo. Embora quanto mais falem, mais felizes tendem a se sentir com o entrevistado, é do seu interesse dar bons exemplos para que eles o tenham em consideração.

Os **introvertidos** são menos sociáveis, mais hesitantes e tomam nota de tudo, então provavelmente fazem muito menos contato visual. Você talvez perceba que eles não dão seguimento a todas as perguntas, então esteja pronto para fornecer mais detalhes. Não se deixe intimidar pela falta de contato visual e não espere que eles sorriam.

Os **neuróticos** tendem a se preocupar, e por isso podem ser desconfiados e julgadores. Eles podem se sentir intimidados por aqueles que consideram mais motivados e inteligentes. Pode ser difícil identificar isso em um entrevistador, mas se você acha que está sendo entrevistado por alguém que se encontra em um nível inferior ao seu, pode ser útil criar uma grande empatia no início da entrevista.

Os **estáveis** são gentis, empáticos e agradáveis. Eles entendem que entrevistas podem ser estressantes e permanecem calmos e centrados. Você não precisa fazer muita coisa com alguém assim, que provavelmente extrairá o que você tem de melhor.

E não se esqueça: algumas pessoas podem querer colocar você contra a parede, e pode ser muito difícil impressioná-las.

NÃO ESQUEÇA!!! O entrevistador inteligente fará perguntas criteriosas, e aqueles não tão perspicazes tendem a querer demonstrar sua própria inteligência fazendo perguntas capciosas.

NÃO ESQUEÇA!!!

Ao se preparar:

- Releia o anúncio de emprego e revise seu CV e histórico profissional para estar pronto para responder a perguntas e entrar em mais detalhes sobre qualquer assunto.
- Descubra o nome e o cargo do entrevistador: pesquise a empresa e a pessoa que fará a entrevista, bem como questões atuais e futuras sobre o negócio.
- Pratique as perguntas da entrevista e prepare perguntas para fazer (você pode levar essas perguntas anotadas).
- Esteja pronto com uma declaração concisa para explicar por que seu emprego anterior terminou ou por que você quer sair.
- Verifique o local da entrevista para saber onde fica e onde pode estacionar, caso vá de carro.
- Planeje o que vestir, confira se suas roupas estão limpas e se você se sente confortável com elas.
- Verifique notícias de última hora que possam ter impacto sobre a empresa.

Mentalize seu sucesso na entrevista

Como parte de sua preparação para a entrevista, você estará praticando responder a perguntas e escolhendo que roupas vestir – mas quanto tempo você dedica a desenvolver uma atitude positiva?

Sua voz interior diz coisas do tipo "Eu provavelmente não vou conseguir esse emprego, haverá outras pessoas mais qualificadas que eu, eu odeio discussões em grupo, tenho dificuldade de causar impacto..."? Esses pensamentos tendem a deixá-lo mais ansioso. É melhor dizer a si mesmo:

- "A entrevista será muito interessante".
- "Estou ansioso para falar sobre minha experiência".
- "Quero saber mais sobre a empresa".

- "Eu ficarei bem, independentemente de conseguir o emprego ou não".

Isso o ajudará a ficar mais calmo e a focar em suas qualidades. Durante a entrevista, sua cabeça pode facilmente ser invadida por pensamentos negativos – "Sou muito velho/muito novo para o emprego", "Eu divaguei nessa resposta", "E se eu não conseguir o emprego"? –, mas isso o distrairá de fazer o seu melhor; por isso, quando esses pensamentos surgirem, livre-se deles! Respire fundo e mantenha a calma.

Não crie muitas expectativas com uma entrevista. Não comece a fantasiar que já conseguiu o emprego e que pode parar de procurar. Continue procurando tanto quanto antes, até ter um contrato assinado. Quando conseguir uma entrevista, sempre tenha outra agendada, incluindo uma entrevista informativa – isso evitará que você dê a impressão de estar desesperado.

Planeje antes para causar uma excelente primeira impressão

Nós criamos uma impressão, conscientemente ou não. Erving Goffman, em seu livro *A representação do eu na vida cotidiana*, discute como usamos "máscaras"; mudamos nossa expressão para o que é visto como apropriado em determinada situação. Por exemplo, o vendedor porta a porta usa uma expressão amigável ao caminhar em direção à casa de alguém. Nós também devemos começar a sorrir e parecer otimistas conforme nos aproximamos no edifício, em vez de esperar até encontrarmos o entrevistador. Podemos gerenciar nossas impressões por meio das roupas que vestimos, do jornal que lemos e da caneta que usamos. Para causar uma boa impressão na entrevista, podemos nos vestir como as pessoas que trabalham na empresa e, para reforçar essa imagem, levar conosco um exemplar de uma revista – de negócios, talvez?

Pense na pasta ou bolsa que levará consigo e no caderno e caneta que pode precisar usar: são de boa qualidade? Isso tende a ser importante? Certa vez entrevistei um indivíduo para um cargo sênior, e ele trouxe documentos em uma sacola de compras – sem dúvida, estava querendo passar uma certa imagem!

Aprenda com os narcisistas e gabarite a entrevista

O narcisismo é um transtorno de personalidade em que os indivíduos carecem de empatia e têm um senso inflado de sua própria importância. Eles são extremamente confiantes e seguros de si e se veem como superiores aos demais, e ao mesmo tempo procuram rebaixar os outros. Ainda que muitas pessoas possam apresentar essas características em maior ou menor grau, apenas cerca de 1% da população sofre desse transtorno.

Um estudo recente da Universidade de Nebraska–Lincoln revelou que os narcisistas podem ser bem-sucedidos em uma entrevista de emprego; eles não são modestos e estão dispostos a falar sobre suas qualidades. Eles também parecem entusiasmados e, de acordo com o estudo, "tendem a se vestir um pouco melhor".

Portanto, podemos usar algumas dessas características e tirar vantagem delas. Uma entrevista não é o momento para modéstia; você deve ser claro sobre suas qualidades e estar disposto a dar exemplos que demonstrem tais qualidades com entusiasmo.

Sua vez: perguntas a fazer no fim da entrevista

No fim da entrevista, o entrevistador indagará se você tem alguma pergunta. Muitas das pessoas que entrevisto murmuram sobre tudo que foi abordado. Não é uma boa maneira de encerrar a entrevista. Os melhores candidatos abrem sua pasta, tiram um caderno com algumas perguntas anotadas e escolhem três ou quatro a fazer, como:

- Desde que a vaga foi anunciada, os requisitos foram modificados?
- Por que você está procurando alguém fora da empresa?
- Quem eu substituiria? Por que essa pessoa está saindo?
- O que você veria como minhas prioridades neste emprego?
- Se vocês me oferecessem o emprego, que preparação eu poderia fazer?
- Estou muito interessado neste emprego e acredito que posso desempenhar bem a função; você tem alguma preocupação com relação a mim como candidato?

Sua pesquisa terá identificado as razões pelas quais você é um excelente candidato. Prepare uma pergunta que você possa fazer na entrevista que lhe permita ilustrar isso com algo que tenha realizado. Você pode fazer a mesma coisa para todas as suas qualidades – isso significa não só ter ótimos exemplos prontos para serem usados em resposta a cada pergunta, como também fazer perguntas próprias que reforcem suas qualidades. Um exemplo seria: "Existe alguma necessidade de simplificar processos? Estou perguntando porque no meu último emprego eu realizei um mapeamento de processos, o que resultou em economia de tempo e mais eficácia".

14. A entrevista

O capítulo anterior focou em preparação. Este capítulo lhe dirá o que fazer no dia da entrevista para mostrar o seu melhor.

Ao chegar

Planeje chegar de cinco a dez minutos mais cedo para conferir sua aparência no banheiro. Colocar o celular no modo silencioso pode ser suficiente, mas, se você não quiser que vibre, provavelmente é melhor se prevenir e desligá-lo. Pode ser que você tenha de esperar, então leve algo para ler.

Aja com otimismo. Independentemente de se sentir confiante ou não, você deve passar uma imagem positiva na entrevista. Algumas pesquisas dizem que sorrir pode ajudá-lo a se sentir feliz. Então, coloque um sorriso no rosto e mantenha os olhos sorrindo.

Os entrevistadores muitas vezes procuram saber a opinião que os administradores e outros funcionários têm dos candidatos, por isso seja amigável e positivo com todos que conhecer. Você sabe que terá de cumprimentar algumas pessoas – tenha um aperto de mão firme e use antitranspirante se tiver uma tendência a mãos suadas.

Na entrevista

Muitos entrevistadores formam uma opinião sobre um candidato em poucos segundos. Isso é conhecido como "efeito halo". Quando observamos uma coisa boa em alguém, presumimos uma porção de outras coisas boas sobre essa pessoa. Não é justo, mas fazemos isso de todo modo. Por exemplo, se você está bem vestido, muitos entrevistadores presumirão que provavelmente é responsável de outras maneiras.

Com o "efeito halo", o entrevistador, inconscientemente, está procurando confirmar essa impressão inicial favorável na conversa posterior. O oposto é o "efeito horn". Se você começa mal, talvez pelo modo como está vestido, mãos suadas ou um tropeço ao entrar na sala da entrevista, terá de se esforçar durante o resto da entrevista para mudar essa primeira impressão.

Você pode fazer com que o entrevistador se sinta bem desde o início. Ao ser cumprimentado, você pode dizer: "Quero que saiba o quanto valorizo esta oportunidade de nos encontrarmos pessoalmente. Este cargo parece promissor, e só ouvi coisas boas sobre a [nome da empresa]."

Talento e experiência não são suficientes; você precisa passar a impressão de ser alguém tranquilo e entusiasmado. Espere desfrutar da entrevista e veja-se como um igual.

NÃO ESQUEÇA!!! Você só tem uma chance de causar uma boa primeira impressão.

Coloque em prática as técnicas de relaxamento e atenção plena. Trate de respirar e ouvir. Confie em sua capacidade e no modo como você age. Além disso, seja assertivo; se, por exemplo, o sol bate em seus olhos, peça para baixar as cortinas ou para mudar de lugar.

Use sua linguagem corporal para causar uma boa impressão: use gestos manuais para enfatizar um ponto – mas não exagere – e faça contato visual. Muitas pessoas parecem evasivas porque não querem olhar para o entrevistador. Se você tem dificuldade de olhar diretamente para alguém, imagine que está olhando para um triângulo formado pelos olhos e pelo nariz.

Demonstrar autoconfiança significa que você se levanta, senta e caminha com boa postura e segurança. Você tem um aperto de mão firme e decisivo, chama o entrevistador pelo nome e diz o quanto está feliz de estar lá (e é sincero!).

Espere se dar bem com seu entrevistador, e mostre isso por meio de seu comportamento verbal e não verbal. As pessoas mais jovens, e aquelas que não são entrevistadas há muito tempo, em particular, podem ficar nervosas e demonstrar insegurança por meio de uma voz embargada e uma mão trêmula ao pegar um copo d'água.

Crie empatia

Discutimos a importância da empatia no capítulo 5 ("Entrevistas informativas"). Somos mais favoráveis aos outros quando estamos em sintonia; os vendedores sabem que técnicas como imitar a postura e o tom de voz funcionam, e as usam para fazer a venda. Você precisa usar essas técnicas para ajudá-lo a se sair bem em uma entrevista.

Os sinais positivos de que você está em sintonia incluem: o entrevistador sorrir, inclinar-se para a frente na cadeira e fazer que sim com a cabeça. Os sinais negativos incluem: o entrevistador franzir a testa, olhar para o relógio e não fazer contato visual com você.

Fale em voz alta e com clareza suficiente para ser ouvido. Trate de enfatizar os pontos positivos e mostre que está bem informado sobre a empresa. Mantenha uma atitude respeitosa e profissional. Venda-se dando razões concretas para querer trabalhar nessa empresa e mostrando de que modo você pode ajudá-los.

Conte as coisas de um modo interessante e positivo, para que o entrevistador se lembre de você. Escute atentamente quando o entrevistador se apresentar. Você deve tentar se dirigir a ele pelo nome em algum momento da entrevista.

Seja natural, calmo e entusiasmado. Lembre-se, você já está a mais de meio caminho do emprego. Está sendo entrevistado porque os selecionadores consideram que você é apto para o cargo. A não ser que você seja um ator/atriz profissional, a maioria dos empregadores será capaz de enxergar através de qualquer "máscara" que você esteja tentando projetar. Seja seguro de si, mas não excessivamente autoconfiante, dominador ou arrogante.

NÃO ESQUEÇA!!!

Mostre sua paixão

Se há dois candidatos qualificados, o mais apaixonado provavelmente conseguirá o emprego.

Pense antes de falar. Tome alguns segundos para reunir e organizar seus pensamentos, e então responda a cada pergunta de forma simples e direta. Se não entender a pergunta ou a motivação por trás dela, peça explicação. Só use jargões ou termos técnicos se os compreender totalmente e se estes o ajudarem a mostrar seu conhecimento de um assunto.

Expressões faciais

O contato visual é importante na comunicação. Uma pesquisa realizada pelo psicólogo Michael Argyle enfatiza a importância da expressão facial na comunicação. Por exemplo, se queremos saber se a outra pessoa está interessada, podemos olhar nos olhos dela – nossas pupilas se dilatam (tornam-se maiores) quando estamos excitados/interessados. Portanto, isso pode nos encorajar em nossa comunicação. As pessoas tendem a olhar mais para você quando terminam de falar, o que o ajuda a saber que agora é sua vez. Se você olhar para alguém enquanto fala, parecerá mais confiante e sincero.

Respondendo a perguntas

Antes de começar a responder a uma pergunta, diga mentalmente para si mesmo: "Agora preciso responder a essa pergunta de uma maneira que mostre como eu posso ser valioso para esse empregador". Se começar a divagar, interrompa-se tossindo ou pausando. Isso lhe dará tempo para organizar seus pensamentos, e você pode dizer "Desculpe, posso começar essa resposta novamente?".

Ao mencioná-las na entrevista, vá assinalando mentalmente as cinco ou seis razões principais pelas quais você deve ser considerado para o emprego. Encontre oportunidades de tocar em assuntos que não tenham sido abordados. O entrevistador pode lhe perguntar se você gostaria de acrescentar alguma coisa, ou você mesmo pode perguntar: "Seria útil se eu mencionasse mais alguma coisa relevante para esse emprego?". Aproveite cada oportunidade de mostrar suas habilidades e realizações no contexto da descrição do cargo.

Nunca hesite em pedir ao entrevistador para repetir a pergunta caso não a tenha ouvido ou compreendido totalmente. Você também pode usar a técnica de repetir a pergunta usando palavras diferentes para ver se entendeu.

Deixe o entrevistador controlar a entrevista, mas sempre esteja preparado para tomar a iniciativa. Tenha uma estratégia para lidar com entrevistadores que monopolizam a conversa, ou fazem apenas perguntas fechadas (do tipo "sim/não"). Esteja preparado para a pergunta premeditada que o entrevistador sabe que você não pode responder. Tais perguntas são úteis para os entrevistadores não só pelo conteúdo da sua resposta, como também para ver como você lida com a situação.

Se o entrevistador começar a fazer perguntas nas quais você precisa se imaginar na função, por exemplo, perguntando "Como você lidaria...?", é muito útil fingir que você não está sendo entrevistado para um emprego. Em vez disso, imagine que você é um consultor respeitado ajudando um novo cliente com um problema. Adote uma atitude probatória para que você possa entender a situação deles em profundidade suficiente antes de dar uma resposta. Relacione sua resposta com os objetivos do negócio em vez de com teorias ou modelos (a não ser que isso seja solicitado especificamente).

De modo similar, quando lhe perguntarem sobre suas realizações passadas, relacione-as com questões que seu empregador estava tentando solucionar e com os benefícios operacionais (organizacionais) obtidos. Dessa forma, você dará exemplos úteis e, ao não tentar "encenar", ficará mais calmo.

- **Fique alerta.** Todo mundo fica nervoso antes de uma entrevista; isso é natural. O frio na barriga é causado pela mesma injeção de adrenalina que um atleta recebe antes de uma corrida importante. É a maneira de o corpo ajustar suas faculdades para o máximo desempenho. Canalize essa energia mantendo-se extremamente alerta e observe a linguagem corporal do entrevistador em busca de pistas sobre quantos detalhes você deve fornecer. Por exemplo, ele parece atento ou entediado?

- **Crie empatia.** Um dos objetivos da entrevista é saber como é trabalhar com você. Portanto, criar empatia pode ser tão importante quanto impressionar com seus conhecimentos.

- **Reflita com cuidado antes de responder a cada pergunta.** Não tenha medo de parar e pensar antes de responder a uma pergunta, e não hesite em dizer que não sabe se este for o caso (mas não com muita frequência!).

- **Aja com naturalidade.** Querer dar o seu melhor não significa que você precisa agir de modo artificial. A ansiedade extrema com relação ao resultado pode levar os candidatos a se empenharem demais ou a serem vistos como tediosos e forçados. Tente encontrar um equilíbrio entre estar (a) confortável e tranquilo e (b) alerta e incisivo. Acima de tudo, mostre seu interesse através de seu entusiasmo natural por essa combinação futura vitoriosa – você e o emprego.

- **Seja otimista.** Lide com erros adequadamente. Não critique empregadores anteriores, ou projetará uma imagem negativa de si mesmo. Por outro lado, se cometeu um erro em sua carreira, não é um desastre admitir isso, mas procure comunicar claramente as lições que aprendeu. Admitir o erro também lhe dá credibilidade quando você começar a falar das coisas positivas em sua carreira.

Suas perguntas

Você terá preparado suas perguntas; talvez queira usar algumas das listadas no capítulo anterior. Abra sua pasta e leia-as. Você deve incluir uma pergunta para identificar alguns dos problemas da empresa. Então, pode abordar esses problemas em sua carta de agradecimento.

Um encerramento perfeito

Depois de ter feito suas perguntas, você tem uma última chance de causar uma impressão positiva. Agora, pode fazer uma declaração final de um minuto. Resuma suas qualificações, habilidades e realizações e enfatize seu interesse pelo emprego. Agradeça o entrevistador e pergunte sobre o próximo passo ou etapa. Não se esqueça de se despedir do recepcionista ao sair.

Avaliação após a entrevista

Quando estiver fora do edifício – no seu carro ou na estação de trem –, faça algumas anotações, esboçando os principais pontos discutidos.

Assim que possível, faça uma avaliação de como você acha que se saiu. Será valiosíssimo consultar suas anotações se você tiver uma segunda entrevista, e você também pode usá-las para monitorar seu desempenho. Seja honesto consigo mesmo, anotando o que você fez bem e onde é preciso melhorar. Converse com um amigo sobre o resultado da sua avaliação e pratique as respostas revisadas.

Há muitas perguntas que você pode fazer a si mesmo, como:

- Eu estava no estado de espírito apropriado?

- Eu fiz contato visual? Eu sorri?
- Houve alguma coisa que eu deveria saber sobre a empresa e não sabia?
- Quão eficaz foi o meu papel na entrevista?
- Que perguntas eu respondi bem? Que perguntas eu respondi mal?
- Quão bem eu me saí ao fazer perguntas? O que eu poderia ter feito diferente?
- Eu pareci confiante e mostrei entusiasmo genuíno?
- Eu falei demais?
- Eu dei respostas que pareceram não satisfazer ao entrevistador?
- Eu consegui discutir meus pontos fortes e fracos?
- Eu descobri todas as informações de que necessitava?
- Eu gostaria de trabalhar nessa empresa?

DICA ÚTIL: Dê uma recompensa a si mesmo depois da entrevista – talvez um bom almoço ou um café com seu pedaço de bolo favorito!

Entre em contato com a agência de seleção

Se você foi indicado por uma agência de seleção, telefone para eles o quanto antes para contar como se saiu e reafirmar seu interesse no emprego. É quase certo que eles repassarão esse feedback ao entrevistador, e isso será visto de modo positivo.

Escreva uma carta de agradecimento

Pouquíssimos candidatos escrevem uma carta de agradecimento. Se o entrevistador ainda está decidindo entre você e outro candidato, isso pode simplesmente fazer a balança pender a seu favor.

O propósito da carta de agradecimento é reforçar suas qualidades, experiências e realizações. Inclua tudo que se relacione com isso e detalhes sobre o que foi discutido na entrevista. Não se trata simplesmente de agradecer o tempo dispensado.

Sua carta de agradecimento pode abordar seus pontos fracos e reservas ou preocupações mencionadas durante a entrevista. Você também pode explicar de que modo suas qualidades e seu histórico profissional (com exemplos) podem compensar quaisquer deficiências.

O que é mais importante: você fornecerá detalhes concisos de como pode resolver o problema do selecionador. Mas não conte tudo – a intenção é que eles entrem em contato com você novamente.

Um exemplo de carta:

Agradeço a oportunidade de uma entrevista na última terça-feira para o cargo de gerente de desenvolvimento de negócios. Durante a entrevista, você perguntou por que eu era um bom candidato e eu só consegui dar uma resposta vaga. Passei um tempo avaliando minhas qualidades com relação as suas necessidades. Depois de refletir, posso afirmar confortavelmente que sou um bom candidato porque _____.

Você também disse que um dos problemas que vocês têm é XXX; estive pensando em maneiras de resolver isso e adoraria ter uma oportunidade de discutir minhas ideias. Identifiquei uma área em particular... – e então você explica como poderia resolver esse problema. Você deve almejar explicar o que faria, mas não como o faria, que é o que você quer discutir com eles em uma segunda entrevista.

Entretanto, guarde alguns detalhes estratégicos – você não quer revelar tudo; quer que eles o chamem para uma segunda entrevista.

Segunda e terceira entrevistas

Você precisará pesquisar um pouco mais para entrevistas subsequentes, mas não se esqueça de analisar suas anotações sobre a primeira entrevista. Quanto mais bem-informado você estiver, mais eficaz será. Lembre-se de que, assim como você está avaliando todas as pessoas que conhecer – do chefe de divisão à equipe de suporte –, também está sendo avaliado por elas. Sempre pergunte sobre os próximos passos após a entrevista e quando eles darão um retorno. Então, anote em sua agenda para entrar em contato um dia depois.

O que fazer se você não conseguir o emprego.

Se lhe oferecerem o emprego, você ainda precisa ter certeza de que esse é o emprego certo para você, e o capítulo 17 lhe será útil. Mas você poderá receber uma carta de rejeição.

Em alguns casos, você já estará esperando por isso. Em sua avaliação após a entrevista, você terá identificado o que poderia ter feito melhor, e poderá usar esse aprendizado da próxima vez. Em outros casos, talvez você não consiga identificar nada de errado. Você pode ter feito uma entrevista brilhante e mesmo assim não conseguir o emprego.

Pode ser que houvesse mais de uma pessoa capaz de desempenhar a função e a decisão final tenha se baseado em fatores que estão fora do seu controle. A pessoa que conseguiu o emprego talvez fosse um candidato interno ou tivesse algo mais a oferecer. Ou talvez nunca tenha havido uma vaga disponível. Pode ser que a matriz quisesse preencher a vaga, mas o emprego já houvesse sido oferecido a alguém, e todo o processo de entrevista tenha sido uma simulação.

Independentemente de qual você acredita ter sido a razão para não conseguir o emprego, entre em contato com a empresa e peça um feedback.

Por fim, mesmo que não consiga o emprego, você ainda pode escrever uma última carta. A pessoa selecionada para a vaga pode recusar o emprego. Com muita frequência, um novo funcionário sai em pouco tempo, porque o emprego não deu certo para ele. Sua carta pode levá-lo ao topo da lista quando uma nova pessoa for considerada.

15. Entrevistas por Skype e telefone

Muitas empresas realizam entrevistas por telefone na primeira etapa da seleção.

Você deve esperar entrevistas por telefone, então esteja preparado: você deve soar enérgico e otimista, tanto ao conversar quanto em sua mensagem na secretária eletrônica – é importante que seu celular e seu telefone fixo tenham uma mensagem clara e profissional, como:

> Olá, sou (seu nome). Sinto muito, mas não posso atendê-lo no momento. Deixe seu nome, telefone, uma mensagem breve e o melhor horário para entrar em contato com você. Eu retornarei assim que possível.

A maioria das pessoas causa uma impressão muito melhor ao telefone quando está em pé, portanto levante-se. (Experimente com um amigo ou familiar e veja se ele percebe a diferença.)

Muitas vezes, a pessoa combinará um horário para telefonar e enviará informações sobre o emprego para ajudar você a se preparar. Outras vezes você receberá o telefonema de um selecionador que quer realizar a entrevista imediatamente. Nesse caso, é improvável que você esteja preparado; diga ao entrevistador que está prestes a sair para o dentista e combine um horário alternativo. Isso significa que você estará preparado e com a energia totalmente voltada para a entrevista por telefone.

Você pode receber o telefonema quando estiver em um ambiente barulhento; muito melhor combinar de conversar mais tarde do que se esforçar quando é difícil se concentrar, e não entender algumas das perguntas feitas. O ruído de fundo pode irritar tanto você quanto o entrevistador. Vá para um ambiente silencioso para que nenhum dos dois se distraia.

Sua voz é fundamental, e por isso é importante estar ciente de como você soa. Grave a si mesmo falando e escute. Você parece entusiasmado? Fala claramente? Lembre-se, a pessoa do outro lado do telefone não verá seus sorrisos e acenos de cabeça, então você precisa comunicar seu interesse com palavras escolhidas a dedo e inflexões de voz apropriadas. O telefone acelera o som artificialmente, então fale um pouco mais devagar do que de costume. Também pode deixar sua voz monótona, por isso inclua certa variedade em sua fala.

Você pode ter material de consulta espalhado a sua frente, mas precisa ser capaz de gerenciar os documentos – você não vai querer que o selecionador o escute folhear os papéis à procura de uma resposta. Algumas pessoas gostam de usar fichas pautadas com possíveis perguntas, e detalhes de habilidades, competências e outras qualidades escritas na frente e exemplos no verso.

O telefonema geralmente começa com a confirmação de informações fatuais e prossegue com perguntas mais específicas, muitas vezes relacionadas com competências estratégicas e características do emprego. Em um telefonema de pré-seleção, eles confirmam os detalhes que constam em seu CV.

Procure memorizar o nome da pessoa para que possa chamá--la pelo nome.

PERGUNTAS TÍPICAS

A primeira pergunta pode ser "tudo bem se eu gravar as respostas?". Se eles forem fazer isso, podem parar e verificar o volume de gravação, então seja paciente. Pode ser que eles peçam para você apresentar um panorama geral da sua carreira. Diga exatamente as mesmas coisas que diria em uma entrevista presencial. Prepare e pratique isso até que soe natural para você.

Alguns consultores de recrutamento e seleção usam um breve teste psicométrico, muitas vezes dando quatro opções de características para você escolher a que menos o descreve. Não tente adivinhar o que eles estão procurando; simplesmente passe uma imagem positiva de si mesmo. Talvez lhe peçam para dar exemplos específicos de cada competência. Essas são as áreas em que você se prepararia para uma entrevista presencial, então faça sua preparação com antecedência.

Pratique a entrevista por telefone

Praticar a entrevista por telefone com um amigo ou coach pode ajudar a aumentar sua confiança e técnica. Muitas vezes, quando estamos nervosos, metemos os pés pelas mãos. Por isso, peça opinião sobre que impressão você causa.

Entrevistas por Skype

Há apenas alguns anos, para fazer uma videoconferência era preciso usar equipamentos caros. Agora é muito mais fácil, via Skype. Talvez você já use o Skype para conversar com amigos. O download é gratuito e tudo de que você necessita é uma webcam, um microfone e uma conexão com a internet. O Skype possibilita que você seja entrevistado para um emprego quando não seria prático viajar, e está sendo cada vez mais usado nos processos seletivos para a primeira entrevista.

Se você nunca usou o Skype antes, faça algumas chamadas em vídeo para amigos e familiares.

Ajuste as configurações para ter certeza de que está bem enquadrado, e procure não usar muito zoom – seu rosto não deve ocupar a tela toda; também deve aparecer um pouco do fundo.

O fundo deve ser neutro; você não quer que o entrevistador se distraia com objetos no ambiente. Pense na iluminação – eles precisam conseguir ver você, portanto feche as cortinas se estiver muito sol e acenda as luzes se o cômodo estiver escuro. Teste a tecnologia para ter certeza de que você é ouvido. Assim como com seu endereço de e-mail, tenha um nome profissional no Skype.

Coloque o vídeo de seu entrevistador em tela cheia para não se distrair com alguma outra coisa em seu computador. Desligue quaisquer sons ou notificações que possam surgir no fundo. Desligue o celular e garanta que não será perturbado por seus familiares e animais de estimação.

Verifique como você aparece na tela e faça ajustes no ângulo da câmera. Se usar um laptop, coloque-o sobre uma superfície estável em vez de tê-lo balançando em seu colo. Use roupas profissionais e não só da cintura para cima – você pode precisar se levantar! Olhe para a câmera e não para a tela, pois isso o ajudará a dar a aparência de contato visual.

Prepare-se como você faria para uma reunião presencial. Tenha papel e caneta à mão para tomar nota, mas tome cuidado ao consultar suas anotações; cada vez que olhar para elas, você não estará olhando para a câmera.

DICA ÚTIL — Você pode ter pontos importantes anotados em post-its ao lado da sua tela.

---

16. Como manter a motivação

Não importa o quão otimista uma pessoa costuma ser, ao procurar emprego, sobretudo se a necessidade de um emprego for urgente, pode ser difícil se manter animado. Vejamos algumas medidas que você pode tomar para seguir em frente.

Como lidar com a rejeição

Você terá revezes e contratempos; portanto, precisa estar preparado para eles. Quando não for selecionado, entenda que isso não é pessoal: muitas vezes, foi feito por um sistema de computador; numa entrevista, pode haver muitas pessoas com desempenho igualmente bom.

O que podemos fazer é avaliar tudo que estamos fazendo para ver se existem alguns aspectos em que podemos melhorar. Podemos achar que temos um ótimo CV, mas se este não nos leva a uma entrevista, não está fazendo seu trabalho. Portanto, mantenha um controle de suas cartas de rejeição e, se necessário, procure um coach independente que ofereça orientação e feedback e o ajude a melhorar.

Pode ser que você precise criar um CV e uma carta de apresentação mais focados, ou dedicar mais tempo a pesquisa – releia os conselhos deste livro.

Você talvez ache que tem um bom desempenho em entrevistas, mas realizar uma entrevista completa com um entrevistador experiente que possa treiná-lo vale o investimento. Os capítulos relevantes deste livro lhe mostrarão como agir em uma entrevista, e praticar sessões com um amigo pode ajudá-lo a melhorar, mas você ainda pode se beneficiar explorando outras sutilezas com um entrevistador experiente.

Tenha uma atitude positiva

*Se você acredita que é capaz, está certo.
Se acredita que não é capaz, também está certo.*

Henry Ford

Você precisa de uma atitude positiva: precisa acreditar que é capaz de fazer alguma coisa, que é capaz de alcançar seu objetivo. Você pode encontrar inspiração em livros e lendo as histórias de sucesso de outras pessoas – por exemplo, há um grupo no Facebook, AmazingPeopleUK, no qual os clientes da minha empresa Amazing People compartilham boas notícias e encontram motivação e inspiração lendo o que os outros fizeram.

Use muito mais solilóquio positivo. Antes de uma entrevista, você pode dizer coisas como: "Meu corpo está relaxado e eu me sinto confiante". Durante a entrevista, você pode dizer a si mesmo: "Eu me sinto calmo e controlado, estou falando claramente e tenho ótimos exemplos para apresentar". Depois da entrevista, você pode dizer: "Estou indo bem, aprendi mais sobre entrevistas e isso me ajudará da próxima vez". Enquanto espera o resultado de uma entrevista, você pode dizer: "Eu sou uma pessoa de valor e o emprego certo está a minha espera".

O solilóquio negativo pode diminuir nossas chances de um novo emprego. Se nos perguntarmos, "Por que não consigo um emprego?", nosso cérebro focará em todas as razões por que não conseguimos – somos muito velhos ou muito jovens, muito gordos ou muito baixos, inexperientes ou experientes demais. Precisamos fazer nosso subconsciente trabalhar em uma pergunta diferente, algo como "O que posso fazer para conseguir este emprego?" ou "Como posso mostrar a um empregador que sou a pessoa certa para este emprego?".

Pare de dizer "Eu não consigo um emprego"; mude para "Vou conseguir um emprego". Pare de dizer que você é inútil e lembre-se de que está fazendo algo útil todos os dias. Não diga que você é muito velho (ou muito jovem), e sim que tem a idade certa para uma nova oportunidade. Não diga que não quer ficar desempregado; em vez disso, diga: "Estou entusiasmado com a perspectiva de conseguir um novo emprego".

Em vez de se preocupar por não saber por onde começar, você pode dizer: "Estou pronto para começar", e deixar seu subconsciente fazer o resto.

Se imaginarmos que seremos malsucedidos nas reuniões e na entrevista, provavelmente passaremos essa impressão e seremos vistos como alguém que não consegue discutir com confiança os bons exemplos de sua experiência. No entanto, se acreditarmos que teremos sucesso e planejarmos como responder e fazer perguntas, teremos uma chance muito melhor.

A NECESSIDADE DE AUTOCONFIANÇA

Ter autoconfiança significa acreditar que teremos sucesso. Quando não temos autoconfiança, somos fadados a uma espiral descendente e negativa. Quando não temos autoconfiança, não temos um bom desempenho, o que diminui nossas chances de sucesso e nos deixa ainda mais inseguros.

Não ter autoconfiança significa que nosso desempenho é mais hesitante e menos propenso a ser bem-sucedido; com isso, não conseguimos o emprego, o que afeta nossa confiança ainda mais.

Falta de autoconfiança → Tentativa hesitante → Resultados insatisfatórios → Feedback negativo → (ciclo)

Nossos processos de pensamento

O que pensamos tem um grande impacto em nossa confiança. Se temos pensamentos e crenças negativos, isso pode resultar em uma espiral descendente. Observe-se e veja quantas vezes você ouve as seguintes vozes em sua cabeça. Você pode ouvir:

O crítico, que diz que você só decepciona e que pedir ajuda é sinal de fraqueza.

O perfeccionista, que diz que você deve fazer isso e precisa fazer aquilo, e que tem de ser perfeito em tudo que faz, e que deve ser competente em todas as circunstâncias – falhar é impensável.

O preocupado, que o leva a fazer tempestade em copo d'água e a perguntar "E se...?" – por exemplo, "E se eu não conseguir o emprego?". Talvez você não consiga, mas deve aprender com isso e melhorar para a próxima vez. Fazer tempestade em copo d'água e esperar o pior não ajuda; você precisa focar mais em ter um bom desempenho.

A vítima, que sabe que não tem nada a ver com ela, tem tudo a ver com outra pessoa. Ela acha que nada fará diferença e prevê que vai se sair mal na entrevista; diz que ninguém o quer e que você nunca vai conseguir outro emprego.

Devemos desafiar essas vozes. Não podemos deixar que elas assumam o controle. Pare de dizer "Ninguém responde a minhas solicitações de emprego" – mesmo? Ninguém? Pare de pensar que as pessoas estão lá para escolher você. Muitas pessoas se candidatam a empregos, e não ser selecionado pode ocorrer por diversas razões que estão fora do seu controle.

Precisamos ouvir vozes diferentes, aquelas que nos dizem que estamos no caminho certo, e focar mais nos aspectos positivos. Em vez de pensar em decepções, precisamos pensar em nossos sucessos e lembrar de situações em que nos saímos bem, ocasiões em que as pessoas nos elogiaram e nos agradeceram, e assim por diante.

Não são só as vozes em sua cabeça
Sua família o deixa para baixo?

Seu companheiro, ou seus pais, perguntam continuamente quando você vai conseguir um emprego? Uma maneira de fazer com que "larguem do seu pé" é estipular um momento de avaliação semanal para que você possa mostrar o que fez e o que planeja fazer na semana seguinte. Diga a eles que a cobrança não está ajudando e convoque-os a ser parte de sua rede, ajudando-o a encontrar ofertas de emprego e pessoas com quem conversar.

Seus amigos estão ajudando?

Algumas pessoas amam ser negativas, ver o mundo como um copo meio vazio, reclamar, enxergar problemas, esperar falhar. Passe muito tempo com pessoas assim e você provavelmente começará a pensar da mesma forma. Quem você conhece que o inspira e o ajuda a ser otimista? Você precisa passar mais tempo com pessoas assim! Talvez deva procurar ampliar seu círculo de amizades e conhecer pessoas mais otimistas. Entrar para um grupo de leitura ou de caminhada talvez ajude. Encontre detalhes de grupos na sua região por meio do Meetup.com.

Desligue o noticiário

Se todos os dias você assiste a programas sobre como o mercado de trabalho está péssimo, quantas pessoas estão sendo demitidas e assim por diante, pode se perguntar se algum dia encontrará um emprego. Lembre-se, você não está tentando conseguir emprego para todo mundo – só um, para você.

Seja mais otimista

Visualize-se obtendo sucesso

Imagine-se tendo sucesso em sua busca de emprego – essa pode ser uma técnica muito eficaz. Pense em como você se vestirá e como será o local de trabalho. Imagine-se no seu escritório, conversando com clientes por telefone, ou na rua, entregando produtos e serviços.

Talvez a imagem não seja clara no momento, mas tente se imaginar realizando seu trabalho ideal – o que você estará vestindo? Como estará se sentindo? O que fará?

Os atletas de sucesso sonham com a vitória. Eles se visualizam alcançando seu objetivo. Você pode fazer o mesmo! Todas as noites, ao se deitar, faça um filme em sua cabeça, de você em seu emprego ideal. O que você vê? O que ouve? Que cheiros ou sabores sente? Observe como você se sente bem! Reproduza esse filme em sua cabeça novamente – torne-o mais longo, mais claro e mais nítido. Funciona para atletas, e também pode funcionar para você.

Lembre-se de sucessos anteriores

Você se lembra de algum momento em que ganhou uma corrida, elaborou um ótimo relatório, fez uma apresentação que convenceu seu chefe a seguir em frente com um projeto ou a lhe dar um aumento? Agora é hora de se lembrar de sucessos anteriores. Você talvez queira comprar um caderno pequeno e anotá-los conforme vai se lembrando. Você teve sucesso antes e terá novamente.

DICA ÚTIL — Releia seu CV diariamente para se lembrar de suas realizações e do excelente trabalho que fez.

Lembre-se de que nem tudo está sob seu controle

Você pode ter um ótimo CV, fazer uma excelente entrevista e causar uma boa impressão, mas ainda assim estar desempregado e à espera de uma oferta de emprego. Muitas pessoas se encontram nessa situação – ainda mais em época de recessão. Portanto, continue fazendo o melhor que pode e não leve para o lado pessoal. Não conseguir um emprego não significa que você não seja uma pessoa maravilhosa, e você deve usar de todos os meios possíveis para se manter motivado.

Pense no lado bom

Não quero negar o que as pessoas sentem quando estão tão sem dinheiro que acham que perderão a própria casa, mas, para algumas pessoas, ter algum tempo livre significa que elas podem fazer alguma coisa que nunca tiveram tempo de fazer antes, como aprender outro idioma ou entrar em forma com uma corrida ou caminhada diária revigorante.

O impacto sobre os outros

Sinta pena de si mesmo e você se sentirá uma vítima; passe muito tempo reclamando e as pessoas não vão querer estar perto de você. Procure maneiras de continuar sendo interessante e de manter amizades e relacionamentos.

EXPERIMENTE AGORA!

Você não pode estar de bom humor e de mau humor ao mesmo tempo. Mudar sua postura e sua expressão facial pode ajudar. Coloque um sorriso no rosto e repita: "Eu me sinto feliz, me sinto saudável e me sinto sensacional".

O QUE PODERIA AJUDAR?

SAIA, APENAS POR UM INSTANTE

Se você está se sentindo para baixo, pode se dar um descanso: tire uma folga e exclua seu CV de todos os sites de emprego. Verifique se você ainda quer tentar conseguir o emprego que vinha procurando. Peça para alguém avaliar criticamente seu CV, faça alterações e comece novamente.

CONECTE-SE COM MAIS PESSOAS

É claro que você estará falando com pessoas que têm uma grande probabilidade de ajudá-lo a alcançar seus objetivos profissionais, mas às vezes fazer algo menos focado em sua busca de emprego dá resultado. Talvez conversar com um vizinho e passar um tempo escutando o que ele tem a dizer seja proveitoso tanto para construir laços comunitários quanto para direcioná-lo para contatos úteis.

DESENVOLVA NOVAS HABILIDADES

Aprenda algo que melhore seu CV. Não precisa ser um curso caro; há muitas oportunidades de treinamento disponíveis gratuitamente. Por exemplo, você pode acessar treinamento on-line através do Coursera (coursera.org). Você talvez não consiga obter uma qualificação, mas ainda assim pode adquirir novas habilidades. Como você pode melhorar? O que você pode fazer hoje que faça alguma diferença?

SEJA UM VOLUNTÁRIO

Você tem como dedicar parte do seu tempo livre a um trabalho voluntário? Você pode usar as habilidades que já tem para beneficiar a outras pessoas, ou usar isso como uma oportunidade de desenvolver novas habilidades. Você talvez conheça pessoas em posição de lhe oferecer um emprego. No mínimo, conhecerá pessoas que podem contribuir para sua rede de contatos. E lembre-se, muitos possíveis empregadores veem com bons olhos uma pessoa que se envolve em atividades voluntárias, de modo que isso irá melhorar seu CV.

> **DICA ÚTIL**
> A melhor forma de voluntariado quando você está à procura de emprego envolve fazer algo relacionado com o emprego que você procura. Se você é executivo de marketing, ofereça-se para criar um plano de marketing para uma instituição beneficente. Isso será muito mais eficaz para seu objetivo do que se voluntariar para trabalhar em um bazar beneficente ou cuidando de um parque rural.

Encontre um parceiro

Procurar emprego pode ser mais divertido com um parceiro, com quem você pode se encontrar semanalmente e partilhar seu progresso. Encontre alguém em uma situação similar a sua que o ajude a manter a motivação e com quem você possa compartilhar ideias.

17. A oferta de emprego

Conseguir uma oferta de emprego é uma notícia excelente – é o que você vem buscando. No entanto, só porque você recebe uma oferta, não significa que deva aceitá-la. Sua entrevista pode ser um bom indicador de como você será tratado no emprego. James ficou muito feliz de ser selecionado para um emprego em um escritório de contabilidade. A entrevista com o gerente de RH foi bem, mas, quando ele conheceu o indivíduo que viria a ser seu chefe, este foi rude e desatencioso.

Caso ouça as pessoas fazendo comentários negativos sobre uma empresa ou perceba que o emprego não é adequado para você, pense duas vezes antes de dizer sim. Uma das piores coisas que você pode fazer é aceitar um emprego e, em poucas semanas, perceber que fez a escolha errada. Nessa situação, você precisa dedicar tempo a aprender a nova função, o que lhe deixa com ainda menos tempo disponível para procurar outro emprego. Ou você pode pedir demissão e ter dificuldade de explicar a um novo empregador por que saiu tão depressa.

Antes de dizer sim

Envie uma carta para mostrar seu entusiasmo pelo emprego. Lembre-os de por que escolheram você. Essa carta deve resumir suas qualidades e esboçar suas principais realizações e contribuições pessoais.

Se o empregador lhe apresentou o pacote de remuneração, diga o quanto você está entusiasmado e que gostaria de alguns dias para discutir as coisas com sua família. Isso lhe dá a chance de pesar os prós e os contras do emprego, e de entrar em contato com outras empresas que o veem como um candidato promissor.

ESTUDO DE CASO

Gill ficou muito feliz de receber a oferta de um emprego como gerente de marketing em uma empresa internacional. Veio acompanhada de um aumento salarial significativo, viagem internacional em classe executiva e carro executivo, e a maioria das pessoas que ela conhece veriam isso como um emprego incrível. Mas quando discutimos essa oferta, ela percebeu que todas essas coisas não eram tão importantes quanto passar tempo com seu novo marido e poder se dedicar a levantar fundos no setor filantrópico, seu emprego ideal.

PENSE NISSO

Vale a pena dedicar um tempo para considerar quão importantes os itens a seguir são para você; então, você pode comparar as ofertas de emprego com esses fatores.

Antes de dizer sim, pergunte-se:

- Existe uma grande possibilidade de segurança no emprego?
- Esse emprego me permitirá usar minhas habilidades, competências e talentos?
- É adequado a minha personalidade?
- Estou satisfeito porque receberei um salário justo para o trabalho que farei?
- Estou feliz com a proporção salário/bônus do meu pacote de remuneração?
- O ambiente de trabalho é adequado em relação a meus valores e preferências pessoais?
- Terei chance de me desenvolver e crescer?
- A distância entre minha casa e o local de trabalho é aceitável?
- Meu gerente tem a abordagem certa para extrair o melhor de mim?
- Eu vou gostar de trabalhar com meus clientes/colegas?

- Que impacto aceitar este emprego terá em minha vida pessoal e familiar?
- Existe possibilidade de uma promoção (se isso for importante para você)?
- As expectativas com relação a mim são realistas e alcançáveis?
- Por que especificamente eu quero este emprego?
- Em que medida ele corresponde ao meu emprego ideal?

Finalize os detalhes

Antes de dizer sim, você também deve saber as respostas para as seguintes perguntas:

- Qual é o nome do meu cargo?
- A quem devo prestar contas? Se ainda não conheceu a pessoa, você pode pedir para conhecê-la neste momento.
- Quem deve prestar contas a mim?
- Tenho clareza das minhas responsabilidades? Tenho uma cópia da descrição do cargo?
- Os limites da minha autoridade estão claramente definidos?
- Qual o horário de trabalho?
- Tenho direito a licença remunerada por motivo de doença?
- Tenho direito a férias remuneradas?
- As férias pré-agendadas serão honradas?
- Quanto tempo levarei para ir ao trabalho e voltar para casa em horário de pico, e quanto isso custará?

Passamos a maior parte do nosso tempo no trabalho, portanto trate de conversar com outros empregados para ter uma perspectiva interna. Estes podem ser seu novo gerente e colegas.

Como dizer não

Algumas pessoas acham que é idiota recusar um emprego, especialmente em épocas de recessão ou quando o mercado de trabalho está estagnado, mas se não está proporcionando o que é importante para você (você tem de trabalhar muitas horas, o que faz com que sua remuneração por hora seja muito baixa, ou não tem certeza de que gostará do trabalho tanto quanto imaginava), pode ser melhor esperar um emprego mais interessante.

Confirme se considerou *tudo* que o emprego oferece, incluindo o salário. Pode ser melhor conseguir 75% do que você quer idealmente do que continuar desempregado por mais seis meses.

Se você decidir recusar uma oferta de emprego, faça-o rapidamente e envie uma carta que mantenha aberta a possibilidade de entrar em contato novamente no futuro. Por exemplo:

> Obrigado por me oferecer o cargo de executivo de marketing na Guardian Consulting. Nossas discussões durante o processo de entrevista foram muito esclarecedoras quanto aos detalhes desse cargo, e eu agradeço o tempo que você me concedeu para considerar sua oferta. Consegui confirmar minhas impressões iniciais de que a Guardian Consulting é uma empresa extraordinária.
>
> No entanto, depois de refletir cuidadosamente sobre meus objetivos profissionais, receio que, com todo o respeito, devo recusar sua oferta. Escolhi aceitar a oferta de uma empresa que fica mais próxima da minha casa. Essa foi uma decisão difícil para mim, mas acredito que é a decisão acertada neste momento da minha carreira.
>
> Quero agradecer pelo tempo e consideração que você dedicou a minha candidatura. Foi um prazer conhecê-lo e aprender mais sobre a Guardian Consulting.

FINALMENTE

Se você aceitar a oferta de emprego, revisite cada um dos sites em que cadastrou seu CV e o exclua. Você não quer que seu novo chefe veja que seu CV ainda está on-line; isso pode levá-lo a pensar que você está procurando outro emprego.

Índice remissivo

A

agências de recrutamento e seleção 91, 104
ambiente de trabalho 16, 19, 93, 163
  palavras-chave em 27
anúncios de emprego 27, 55, 92
  palavras-chave em 96, 107
  revisando 92
Argyle, Michael 141
Associação Britânica de Marketing Direto 120
atitude positiva, mantendo uma 134, 154
atributos pessoais requeridos 47, 88, 109, 123
avaliações de carreira 22

B

biblioteca de negócios, usando uma 26, 117
busca de emprego 9, 24, 34, 38, 66, 71, 78, 158, 160
  abordagens eficazes 71
  estratégia 74
  parceiro 161
busca de emprego eficaz 24

C

candidatura de emprego 12, 42-43, 92, 96, 98, 132, 165
  almejando 121
  fazendo follow-up 22, 32, 38-40, 42, 67-68, 106, 116, 120, 126

fortaleça 97
técnica insatisfatória 90
carta(s)
  enviando 106, 115, 118, 121
  personalizando 118
  preparando, capturando o interesse do leitor 52, 119
  quatro princípios fundamentais para criar 119
carta(s) de apresentação
  abordagem em duas colunas 92, 95, 105
  adaptando 92
  detalhes, prestando atenção a 19
  estruturando 106
  parágrafo de encerramento 107
  parágrafo inicial 106
  parágrafo(s) intermediário(s) 106
  pontos positivos, enfatizando 140
  processo para criar 107
  questões de salário 112
categorias de personalidade
  artística 17
  convencional 18
  empreendedor 18
  investigativa 17
  realista 17
  social 18
coach de carreira 21
coaching para entrevista, usando 22
comunicação eficaz 36
comunidade on-line, participando de uma 117

conceito HERO 7
confiança 48, 98, 113, 151, 155-156
contatos
  primeiros 33
  principais 31
  priorizando 31
controle, locus de 72
CV
  alternativas a um CV de duas páginas 64
  analise e revise seu 95
  baseado em habilidades 53
  cadastrando 91
  comprimento do 53, 106
  criando 65
  cronológico 53
  cursos de aperfeiçoamento 59
  desenvolvimento profissional 59
  editando seu 91
  em formato texto 61-62
  enviando 103
  finalizando seu 62
  focado 52
  formação acadêmica 59
  histórico profissional 13, 53, 56-57, 82, 96, 134, 146
  lendo com novos olhos 95
  listando os resultados obtidos 56-58
  melhorando 59
  palavras-chave em 82
  revisando 16, 22, 27, 52, 95

D

descrição do cargo 56, 94-95, 142, 164

E

efeito halo 138
e-mails padrão 114, 118
emoticons 104
emprego
  foco no 61
  melhor maneira de encontrar um 70
empresas
  maneiras de identificar 116
  pesquisando 87
endereço de e-mail, uso devido de 103, 151
entrevista(s)
  causando uma boa primeira impressão 139
  chegando cedo 138
  contato visual em 139-140, 145
  encerrando 136
  fazendo as perguntas certas 26
  fazendo follow-up 22, 32, 38-40, 42, 67-68, 106, 116, 120, 126
  importância da empatia em 125, 133, 140, 143
  informativa 26-27, 42-43, 46, 49, 135
  linguagem corporal em 37, 131, 139, 143
  nervosismo, lidando com o 140, 143, 151
  obtendo vantagem competitiva 132
  perguntas baseadas em competências 98, 130
  perguntas, respondendo a 141
  perguntas típicas 150
  personalidade do entrevistador 132
  por telefone e Skype 149

por telefone, perguntas típicas 150
preparação para 127, 131, 134
presencial 115, 150, 151
respondendo a perguntas em 141
segunda e terceira 147
sinais negativos em 140
sinais positivos em 140
Skype, preparando-se para 151
técnicas de relaxamento e atenção plena 139
espiral negativa 155, 156
experiência profissional 105
expressão facial 37, 141, 159

F

Facebook 10, 80, 89, 154
formulários de emprego 96
  enviando 96, 103
  on-line 97
  perguntas atípicas 102
  reuniões, marcando 31, 35, 44, 48

G

gerenciamento de impressão 40
Google 27, 29, 39, 41, 106
Granovetter, Mark 30

H

habilidades
  analíticas 14, 122
  de atendimento ao cliente 64
  de comunicação 14, 16, 58, 60, 75, 122, 123
  de escuta 18
  de liderança 14, 95
  de pesquisa 60
  de trabalho em equipe 122

novas 160
numéricas 14, 122
organizacionais 14
principais 16, 60, 64, 79, 85, 98, 121
hobbies 14, 17-19
Holland, John 17

I

Indeed 90

L

linguagem corporal 37, 131, 139, 143
LinkedIn 10, 20, 26-27, 32-33, 36, 39, 41, 44, 51, 54, 69, 79-82, 84-90, 103, 106, 117
  apresentações, pedindo 88
  conexões, procurando 86
  foto, fazendo upload 82
  locus de controle 72
  pesquisa usando 86
  recomendações 88
Luthans, professor Fred 7

M

mailing list 121
Meetup.com 157
mercado de trabalho oculto 10
método STAR 130

N

Nebraska-Lincoln, Universidade de 7
networking 9, 30, 32, 38-9, 41-42, 44, 69, 80, 116-117
  on-line 9, 32, 41
  plano 39

O

objetivo(s)
  adaptando seus 8, 12, 22, 106, 115
  realistas 61
  SMART 22
  SMARTER 22
oferta de emprego 10-11, 35, 80, 121, 159, 162, 165
  finalizando 162
  recusando 165

P

perguntas atípicas 102
perguntas baseadas em competências 98, 130
pesquisa
  eficaz 24
  on-line 116
  pesquisa de mercado 26
  pessoas 28-29
Pinterest 10, 80, 89
pitch de trinta segundos 75, 78
pré-selecionado, aumente sua chance de ser 10, 11, 127
processos de pensamento, impacto dos 156
psicologia positiva 7

R

rede de contatos, expandindo 32, 70, 160
redes sociais 40, 80, 89
registro de atividades 68
rejeição
  carta(s) 147
  lidando com 153
relacionamentos, construindo 35, 75, 77, 84

requisitos do emprego, atendendo aos 60, 92, 105, 107, 128
reuniões
  planejando 126, 155
  presenciais 35, 38, 152
RH (Recursos Humanos) 21, 31, 39, 94, 108, 114, 125, 162
roubo de identidade 91

S

SimplyHired 90
sites agregadores de emprego
  Indeed 90
  SimplyHired 90
Skype 11, 35, 149, 151

T

telefonema(s)
  fazendo follow-up 22, 32, 38-40, 42, 67-68, 106, 116, 120, 126
  mais produtivo 68
teste psicométrico 150
trabalho voluntário 18, 31, 57, 99, 160
Twitter 80, 83, 89

V

videoconferência 151

W

websites de emprego 24, 90

Y

Yahoo 41

Sobre a autora

Uma das principais estrategistas de carreira do Reino Unido, Denise Taylor é psicóloga credenciada e tem um MBA. Ela é membro da Associação Britânica de Psicólogos e tem certificação avançada como orientadora vocacional.

Por meio de sua empresa Amazing People Career Coaching Company, vencedora de dois prêmios, Denise oferece inspiração e orientação prática, usando um estilo de coaching franco, direto e encorajador. Muitas pessoas oferecem coaching de carreira e orientação para busca de emprego; o que faz Denise se destacar há mais de 25 anos é o modo como ela usa sua energia e criatividade para identificar novas tendências e adaptar e aperfeiçoar métodos tradicionais em benefício de seus clientes.

Seus livros sobre carreira incluem *How to Get a Job in a Recession* e *Now You've Been Shortlisted*, e entre seus onze e-books destaca-se *How to Use LinkedIn to Find a New Job*. Ela também escreveu *Fat to Fantastic*, uma história inspiradora sobre como emagreceu 66 quilos com uma alimentação saudável e rotinas de atividade física desafiadoras.

Denise aparece regularmente como especialista em fóruns sobre carreira, no rádio e na imprensa britânica, incluindo *The Times, Sun, Esquire, Metro, Daily Mail* e *Guardian*.

www.denisetaylor.co.uk
www.amazingpeople.co.uk
Twitter – @amazingpeople
Facebook – www.facebook.com/amazingpeopleUK

Notas

Você pode usar estas páginas para fazer suas próprias anotações sobre os exercícios propostos neste livro.

Notas

Notas

Notas

Notas

IMPRESSÃO:

Pallotti
GRÁFICA EDITORA
IMAGEM DE QUALIDADE

Santa Maria - RS - Fone/Fax: (55) 3220.4500
www.pallotti.com.br